# C'est... pour toi

## UN BÉBÉ DANS LA CRÈCHE



Sais-tu qui a inventé la crèche ? On pense que c'est saint François d'Assise. Au 13e siècle, ce religieux a représenté une crèche vivante avec des personnages joués par des villageois et de vrais animaux. Depuis, cette tradition s'est répandue. Et aujourd'hui, au moment de Noël, nous sommes nombreux à installer une crèche avec des santons. Quand tu feras la tienne, rappelle-toi : Dieu a commencé par se faire aussi mignon et aussi fragile qu'un bébé pour nous donner sa vie... Quel mystère !

Père Emmanuel

**Si tu veux écrire au Père Emmanuel**

Cher Père Emmanuel, ..............................................

..............................................

..............................................

..............................................

..............................................

*Remplis ce coupon recto-verso, mets-le dans une enveloppe timbrée et envoie-le à :*
Prions en Église Junior,
18, rue Barbès,
92128 Montrouge cedex

# COURRIER

L'autre jour, j'ai dit à ma copine qu'elle était nulle et moche. Je voudrais lui demander pardon et demander au Seigneur de ne pas me lâcher et de me conduire sur le bon chemin.

*Raphaëlle, 8 ans*

**Chère Raphaëlle,**

**Dieu nous écoute, il lit en nous comme dans un livre ouvert. Il nous aide à comprendre ce qui est « nul et moche » au fond de notre cœur... et à demander pardon pour cela ! Alors nous pouvons prier ensemble : « Seigneur, merci d'être là, avec nous, dans tous les moments de notre vie. Aide-nous à faire le bien. Aide-nous à dire du bien. Amen. »**

ton nom : ....................................................................

ton prénom : ....................................................................

ta date de naissance : ....................................................................

ton adresse : ....................................................................

....................................................................

Cher Père Emmanuel,
Je viens de faire ma profession de foi. Ça a été le meilleur jour de ma vie. J'ai parlé moi-même. Je me suis engagée seule. Avec l'aide de tous, je veux tenir ma promesse. Ah, que c'est beau de vivre avec Jésus dans son cœur !

***Emma, 11 ans et demi***

**Chère Emma,**

**Ta lettre et ton dessin nous ont apporté une grande joie. Je te remercie de partager avec nous la force de ta foi. Tu écris que c'est un engagement personnel et que tu auras besoin aussi de l'aide de tout le monde : on ne peut pas mieux résumer la force de la communauté !**

*Illustrations : Robin*

# SOMMAIRE

## C'est... dimanche

**PREMIÈRE LECTURE * PSAUME * ÉVANGILE**

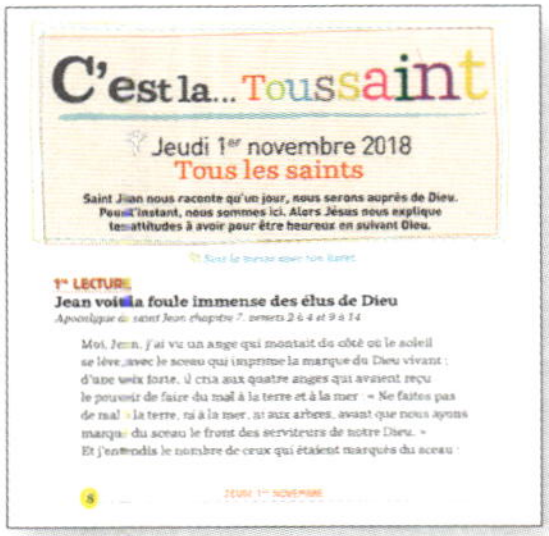
C'est la... Toussaint

Jeudi 1er novembre 2018
Tous les saints

Saint Jean nous raconte qu'un jour, nous serons auprès de Dieu. Pour l'instant, nous sommes ici. Alors Jésus nous explique les attitudes à avoir pour être heureux en suivant Dieu.

1re LECTURE
Jean voit la foule immense des élus de Dieu
*Apocalypse de saint Jean chapitre 7, versets 2 à 4 et 9 à 14*

Moi, Jean, j'ai vu un ange qui montait du côté où le soleil se lève, avec le sceau qui imprime la marque du Dieu vivant ; d'une voix forte, il cria aux quatre anges qui avaient reçu le pouvoir de faire du mal à la terre et à la mer : « Ne faites pas de mal à la terre, ni à la mer, ni aux arbres, avant que nous ayons marqué du sceau le front des serviteurs de notre Dieu. » Et j'entendis le nombre de ceux qui étaient marqués du sceau :

8



## C'est... ma semaine

**ENTRE CHAQUE DIMANCHE,**
des idées pour agir
tous les jours de la semaine.

C'est... ma semaine
Du lundi 12 au samedi 17 novembre 2018

DES IDÉES POUR AGIR CHAQUE JOUR

Lundi 12 novembre

Mercredi 14 novembre

Mardi 13 novembre

# C'est... mon atelier

**PRIÈRE * LITURGIE * MESSE * ART * CHANTS**

## Au centre de ton magazine

**Un livret : L'ORDINAIRE DE LA MESSE**
**à détacher et à plier**

**Deux signets : LA SAINTE et LA PRIÈRE**
**à découper et à collectionner**

*Pour fabriquer ton livret et tes signets, suis les explications situées dans le cahier central.*

# C'est la... Toussaint

## Jeudi 1er novembre 2018
## Tous les saints

**Saint Jean nous raconte qu'un jour, nous serons auprès de Dieu. Pour l'instant, nous sommes ici. Alors Jésus nous explique les attitudes à avoir pour être heureux en suivant Dieu.**

*Suis la messe avec ton livret.*

### 1re LECTURE
### Jean voit la foule immense des élus de Dieu
*Apocalypse de saint Jean chapitre 7, versets 2 à 4 et 9 à 14*

Moi, Jean, j'ai vu un ange qui montait du côté où le soleil se lève, avec le sceau qui imprime la marque du Dieu vivant ; d'une voix forte, il cria aux quatre anges qui avaient reçu le pouvoir de faire du mal à la terre et à la mer : « Ne faites pas de mal à la terre, ni à la mer, ni aux arbres, avant que nous ayons marqué du sceau le front des serviteurs de notre Dieu. » Et j'entendis le nombre de ceux qui étaient marqués du sceau :

ils étaient cent quarante-quatre mille, de toutes les tribus des fils d'Israël. Après cela, j'ai vu : et voici une foule immense, que nul ne pouvait dénombrer, une foule de toutes nations, tribus, peuples et langues. Ils se tenaient debout devant le Trône et devant l'Agneau, vêtus de robes blanches, avec des palmes à la main. Et ils s'écriaient d'une voix forte : « Le salut appartient à notre Dieu qui siège sur le Trône et à l'Agneau ! » Tous les anges se tenaient debout autour du Trône, autour des Anciens et des quatre Vivants ; se jetant devant le Trône, face contre terre, ils se prosternèrent devant Dieu. Et ils disaient : « Amen ! Louange, gloire, sagesse et action de grâce, honneur, puissance et force à notre Dieu, pour les siècles des siècles ! Amen ! » L'un des Anciens prit alors la parole et me dit : « Ces gens vêtus de robes blanches, qui sont-ils, et d'où viennent-ils ? » Je lui répondis : « Mon seigneur, toi, tu le sais. » Il me dit : « Ceux-là viennent de la grande épreuve ; ils ont lavé leurs robes, ils les ont blanchies par le sang de l'Agneau. »

PSAUME

Voici le peuple
de ceux qui cherchent
ta face, Seigneur.

Psaume 23

## 2e LECTURE

### Nous verrons Dieu tel qu'il est

*Première lettre de saint Jean 3, 1-3*

Bien-aimés, voyez quel grand amour nous a donné le Père
pour que nous soyons appelés enfants de Dieu – et nous le sommes…

*Écoute maintenant la suite de la lecture.*
*Retrouve l'intégralité des lectures sur prionseneglise.fr*

## JEU D'APRÈS LA 1re LECTURE

### Anagrammes

Remets les lettres dans l'ordre et tu reconnaîtras quelques mots importants de la 1re lecture.

1. NESGA
   - - - - -
2. TODUBE
   - - - - - -
3. RENTO
   - - - - -
4. LEUFO EMISNEM
   - - - - -   - - - - - - - -
5. GAUNEA
   - - - - - -
6. UNOLEGA
   - - - - - - -
7. RESBO CHENBLAS
   - - - - -   - - - - - - - -

**Solution :** 1. anges ; 2. debout ; 3.trône ; 4. foule immense ; 5. agneau ; 6. louange ; 7. robes blanches.

ÉVANGILE

# Le récit des Béatitudes

*Évangile selon saint Matthieu 5, 1-12*

En ce temps-là, voyant les foules, Jésus gravit la montagne. Il s'assit, et ses disciples s'approchèrent de lui. Alors, ouvrant la bouche, il les enseignait. Il disait :

« **Heureux** les pauvres de cœur, car le royaume des Cieux est à eux. **Heureux** ceux qui pleurent, car ils seront consolés. **Heureux** les doux, car ils recevront la terre en héritage. **Heureux** ceux qui ont faim et soif de la justice, car ils seront rassasiés. **Heureux** les miséricordieux, car ils obtiendront miséricorde. **Heureux** les cœurs purs, car ils verront Dieu. **Heureux** les artisans de paix, car ils seront appelés fils de Dieu. **Heureux** ceux qui sont persécutés pour la justice, car le royaume des Cieux est à eux. **Heureux** êtes-vous si l'on vous insulte, si l'on vous persécute et si l'on dit faussement toute sorte de mal contre vous, à cause de moi. Réjouissez-vous, soyez dans l'allégresse, car votre récompense est grande dans les cieux ! »

## CE QUE JE DÉCOUVRE

**Jésus enseigne le chemin du bonheur.**
Pour faire grandir le bonheur en toi, **fais une place à Jésus dans ton cœur** et écoute ses conseils... Il est la source du bonheur. Si Jésus habite dans ton cœur, il t'aidera à être doux, à pardonner et à semer la paix. Tu auras un cœur pur. Le bonheur grandira autour de toi. Bonheur après bonheur, **tu prépares le chemin qui conduit au ciel.** Et tu deviens un saint, qui vit du bonheur que Dieu lui donne !

## CE QUE JE VIS

- Dans cet évangile, combien de fois comptes-tu le mot « heureux » ?
- La dernière fois que tu as pleuré, qui t'a consolé ?
- Quelle différence fais-tu entre petits et grands bonheurs ?

⇨ Sur une feuille, écris ta phrase préférée de cet évangile. Puis répète-la en priant.

# La Toussaint

**La Toussaint est une fête joyeuse. C'est la fête de tous les saints,** c'est-à-dire de tous ceux, connus ou inconnus, qui ont été témoins du Christ.
Comme toi, les saints ont d'abord été des enfants, puis des hommes et des femmes avec leurs qualités et leurs défauts !
Être un saint, ce n'est pas être un super héros et accomplir des tas de choses exceptionnelles.
Être saint, c'est simplement inviter Jésus à venir habiter ton cœur. C'est lui faire de la place et compter sur lui…
Être saint, c'est avoir le cœur rempli d'amour !

# C'est... dimanche

## 4 novembre 2018
## 31e dimanche du temps ordinaire

**C'est parfois difficile de se motiver pour rendre un service.
Mais Jésus nous invite à recevoir les demandes avec un cœur disponible.
Car aimer Dieu, c'est aussi aimer son prochain et le servir.**

*Suis la messe avec ton livret.*

### 1re LECTURE

### Tu aimeras le Seigneur de tout ton cœur

*Livre du Deutéronome 6, versets 2 à 6*

Moïse disait au peuple : « Tu craindras le Seigneur ton Dieu.
Tous les jours de ta vie, toi, ainsi que ton fils et le fils de ton fils,
tu observeras tous ses décrets et ses commandements,
que je te prescris aujourd'hui, et tu auras longue vie. Israël,
tu écouteras, tu veilleras à mettre en pratique ce qui t'apportera

bonheur et fécondité, dans un pays ruisselant de lait et de miel, comme te l'a dit le Seigneur, le Dieu de tes pères. Écoute, Israël : le Seigneur notre Dieu est l'Unique. Tu aimeras le Seigneur ton Dieu de tout ton cœur, de toute ton âme et de toute ta force. Ces paroles que je te donne aujourd'hui resteront dans ton cœur. »

Je t'aime, Seigneur,
ma force.

Psaume 17

# Bulletin d'abonnement à *Prions en Église Junior*

☑ **OUI,**

j'abonne un enfant
à ***Prions en Église Junior***

☐ 1 abonnement :
1 an - 6 n°s : **32 €**

☐ A partir de 2 abonnements :
1 an - 6 n°s : **27 €**
au lieu de ~~32 €~~

✓ Par courrier, renvoyez ce bulletin accompagné de votre chèque à l'ordre de Bayard :
BAYARD TSA 50006
59714 Lille cedex 9

✓ Par internet sur :
*librairie-bayard.com/junior*

✓ Par téléphone, précisez votre code offre : **A175732**

**0 825 825 830** Service 0,18 € / min + prix appel

## Coordonnées du payeur :

☐ M. ☐ Mme

NOM

PRÉNOM

COMPLEMENT D'ADRESSE (RÉSIDENCE, ESC., BAT.)

N° (DE LA VOIE)(1) VOIE (RUE, AV, BD, CH, IMP…)(1)

LIEU-DIT/BP

CODE POSTAL VILLE

TÉLÉPHONE

ADRESSE E-MAIL @

afin de recevoir votre confirmation de commande conformément à la loi, et indispensable pour accéder aux versions numériques et correspondre avec vous par courriel.

Pour abonner un 2ème enfant, complétez cette grille sur papier li

## Coordonnées du 1er enfant à abonner :

NOM

PRÉNOM

COMPLEMENT D'ADRESSE (RÉSIDENCE, ESC., BAT.)

N° (DE LA VOIE)(1) VOIE (RUE, AV, BD, CH, IMP…)(1)

LIEU-DIT/BP

CODE POSTAL VILLE

DATE DE NAISSANCE. Pour recevoir des offres exclusives pour son anniversaire

SEXE F. ☐ M. ☐

**A17573**

(1) Indiquez précisément le n° de voie et le libellé de voie pour une meilleure garantie de l'acheminement de votre abonnement.

**Offre valable jusqu'au 30/09/2019** en France Métropolitaine uniquement, dans la limite des stocks disponibles. Abonnements France par téléphone au 0825 825 830 (du lundi au vendredi de 8h30 à 19h et le samedi de 9h à 18h - 0,15€/ min
informations sont destinées au groupe Bayard, auquel Bayard Presse appartient. Elles sont enregistrées dans notre fichier à des fins de traitement de votre abonnement. Conformément à la loi « Informatique et Libertés » du 06/01/1978 modifié
RGPD du 27/04/2016, elles peuvent donner lieu à l'exercice du droit d'accès, de rectification, d'effacement, d'opposition, à la portabilité des données et à la limitation des traitements ainsi qu'au sort des données après la mort à l'adresse suivan
joignant une photocopie de votre pièce d'identité : Bayard (CNIL), TSA 10065, 59714 Lille Cedex 9. Pour plus d'informations, nous vous renvoyons aux dispositions de notre Politique de confidentialité sur le site groupebayard.com. Vos données pc
sont susceptibles d'être transmises à nos partenaires commerciaux, si vous ne le souhaitez pas cochez cette case ☐. Nous vous informons de l'existence de la liste d'opposition au démarchage téléphonique « Bloctel », sur laquelle vous pouve
inscrire ici : https://conso.bloctel.fr. À l'exception des produits numériques ou d'offre de service, vous disposez d'un délai de 14 jours après réception de votre 1er numéro pour exercer votre droit de rétractation en notifiant clairement votre déc
notre service client. Vous pouvez également utiliser le modèle de formulaire de rétractation accessible dans nos Conditions Générales de Vente. Nous vous rembourserons dans les conditions prévues dans nos CGV. Pour en savoir
https://e-bayard-jeunesse.com/retractation-bj. Photos non contractuelles.

## 2e LECTURE

# Jésus demeure pour l'éternité

*Lettre aux Hébreux 7, 23-28*

Frères, dans l'ancienne Alliance, un grand nombre de prêtres se sont succédé parce que la mort les empêchait de rester en fonction. Jésus, lui, parce qu'il demeure pour l'éternité…

*Écoute maintenant la suite de la lecture.*
*Retrouve l'intégralité des lectures sur prionseneglise.fr*

## JEU D'APRÈS LA 1re LECTURE

# Bouts de mots

Range les mots dans le bon ordre.
Tu sauras ce que Moïse dit à son peuple.

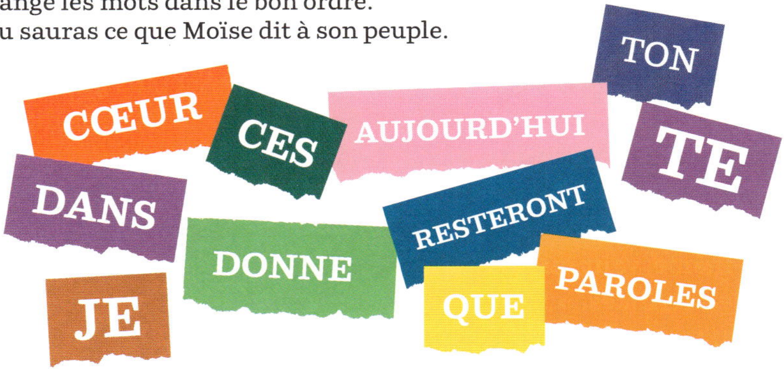


**Solution :** « Ces paroles que je te donne aujourd'hui resteront dans ton cœur. »

ÉVANGILE

# Aime ton prochain

*Évangile de Jésus Christ selon saint Marc 12, 28-34*

En ce temps-là, un scribe s'avança vers Jésus pour lui demander : **« Quel est le premier de tous les commandements ? »** Jésus lui fit cette réponse : « Voici le premier : ***Écoute, Israël : le Seigneur notre Dieu est l'unique Seigneur.*** Tu aimeras le Seigneur ton Dieu de tout ton cœur, de toute ton âme, de tout ton esprit et de toute ta force. Et voici le second : ***Tu aimeras ton prochain comme toi-même.*** Il n'y a pas de commandement plus grand que ceux-là. » Le scribe reprit : « Fort bien, Maître, tu as dit vrai : Dieu est l'Unique et il n'y en a pas d'autre que lui. L'aimer de tout son cœur, de toute son intelligence, de toute sa force, et aimer son prochain comme soi-même, vaut mieux que toute offrande d'holocaustes et de sacrifices. » Jésus, voyant qu'il avait fait une remarque judicieuse, lui dit : **« Tu n'es pas loin du royaume de Dieu. »** Et personne n'osait plus l'interroger.

## CE QUE JE DÉCOUVRE

Moïse invite le peuple à écouter avec attention ce que Dieu dit. Écouter Dieu, vivre ce qu'il dit, conduit l'homme au bonheur et à la vie. Alors quand un scribe demande à Jésus quel est le premier commandement, **Jésus cite les paroles de Moïse : écouter et aimer Dieu, mais aussi aimer son prochain.** Il n'y a pas d'autres commandements plus importants. En aimant le Seigneur et notre prochain, nous ne sommes pas loin du royaume de Dieu.

## CE QUE JE VIS

- Comment agis-tu pour montrer à Dieu que tu l'aimes et que tu l'écoutes ?
- Comment fais-tu pour aimer encore plus tes amis, mais aussi tes ennemis ?

⇨ Dans ta prière, parle à Jésus. Écoute ce qu'il t'invite à faire. Il te montre le chemin vers son Père.

# Qui a cru en Dieu le premier ?

**Abraham est considéré comme le premier croyant, car il a fait confiance à Dieu.**
C'était il y a plus de 4 000 ans ! Abraham est un nomade, éleveur de bétail. Il va de campement en campement avec ses troupeaux. Un jour, Dieu l'invite à quitter son pays pour une terre inconnue, en lui promettant une immense descendance. Bien que sa femme Sara soit âgée, Abraham garde confiance et la promesse de Dieu s'accomplit : Sara donne naissance à Isaac. Tu peux lire son histoire dans le Livre de la Genèse, à partir du chapitre 12.

# C'est... ma semaine

**Du lundi 5 au samedi 10 novembre 2018**

## DES IDÉES POUR AGIR CHAQUE JOUR

### Lundi 5 novembre
*Sainte Élisabeth*

Élisabeth est la maman...

- ○ de Jean le Baptiste ?
- ○ du prince William ?
- ○ de Zacharie ?

### Mardi 6 novembre
*Saint Estéban*

Je repense à ma journée et je dis merci à Jésus.

### Mercredi 7 novembre
*Sainte Karine*

Je relis l'évangile de dimanche dernier (pages 20-21).

**Début novembre, range vite ta chambre !**

**Réponse** : sainte Élisabeth est la maman du prophète Jean le Baptiste. Lorsque Marie vient chez elle, Élisabeth remercie le Seigneur d'accueillir la mère du Sauveur d'Israël (Luc 1, 13-43).

**Jeudi 8 novembre**

*Saint Geoffroy*

Je lis « C'est dans l'art » (pages 122-123).

**Vendredi 9 novembre**

*Dédicace de la basilique Saint-Jean-de-Latran*

Je prie pour le pape François.

**Samedi 10 novembre**

*Saint Léon*

Aujourd'hui, je me sens :

☺ 😐 ☹

# Ma mission de la semaine

Aimer nos amis, c'est aussi prier pour eux. Chaque jour de cette semaine, prie pour un de tes amis. Par ce geste concret, montre-lui que tu l'aimes !

## Prière autour de la table

**Seigneur Jésus, nous sommes affamés…**
**Merci pour cette nourriture aujourd'hui.**
**Heureux ceux qui ont faim, ils seront rassasiés.**

# C'est... dimanche

## 11 novembre 2018
## 32e dimanche du temps ordinaire

**Mieux vaut réaliser de petites choses avec tout son cœur que de grandes choses sans en avoir envie... C'est ce que nous disent les lectures d'aujourd'hui.**

*Suis la messe avec ton livret.*

### 1re LECTURE
### Grâce à Dieu, la jarre de farine ne s'épuise pas

*Premier livre des Rois chapitre 17, versets 10 à 16*

En ces jours-là, le prophète Élie partit pour Sarepta, et il parvint à l'entrée de la ville. Une veuve ramassait du bois ; il l'appela et lui dit : « Veux-tu me puiser, avec ta cruche, un peu d'eau pour que je boive ? » Elle alla en puiser. Il lui dit encore : « Apporte-moi aussi un morceau de pain. » Elle répondit : « Je le jure par la vie du Seigneur ton Dieu : je n'ai pas de pain.

J’ai seulement, dans une jarre, une poignée de farine, et un peu d’huile dans un vase. Je ramasse deux morceaux de bois, je rentre préparer pour moi et pour mon fils ce qui nous reste. Nous le mangerons, et puis nous mourrons. » Élie lui dit alors : « N’aie pas peur, va, fais ce que tu as dit. Mais d’abord cuis-moi une petite galette et apporte-la moi, ensuite tu en feras pour toi et ton fils. Car ainsi parle le Seigneur, Dieu d’Israël : Jarre de farine point ne s’épuisera, vase d’huile point ne se videra, jusqu’au jour où le Seigneur donnera la pluie pour arroser la terre. » La femme alla faire ce qu’Élie lui avait demandé, et pendant longtemps, le prophète, elle-même et son fils eurent à manger. Et la jarre de farine ne s’épuisa pas, et le vase d’huile ne se vida pas, ainsi que le Seigneur l’avait annoncé par l’intermédiaire d’Élie.

PSAUME

# Chante, ô mon âme,
# la louange
# du Seigneur !

Psaume 145

## Le Christ s'est offert une seule fois

*Lettre aux Hébreux 9, 24-28*

Le Christ n'est pas entré dans un sanctuaire fait de main d'homme, figure du sanctuaire véritable ; il est entré dans le ciel même...

*Écoute maintenant la suite de la lecture.*
*Retrouve l'intégralité des lectures sur prionseneglise.fr*

### JEU D'APRÈS LA 1re LECTURE

## Paires

**Trouve les 10 paires de pains que la veuve de Sarepta a fait pour Élie.**

**Coup de pouce :** certains pains n'ont pas de double.

ÉVANGILE

# L'aumône de la veuve du Temple

*Évangile de Jésus Christ selon saint Marc 12, 28-34*

En ce temps-là, dans son enseignement, Jésus disait aux foules : **« Méfiez-vous des scribes,** qui tiennent à se promener en vêtements d'apparat et qui aiment les salutations sur les places publiques, les sièges d'honneur dans les synagogues, et les places d'honneur dans les dîners. Ils dévorent les biens des veuves et, **pour l'apparence, ils font de longues prières :** ils seront d'autant plus sévèrement jugés. » Jésus s'était assis dans le Temple en face de la salle du trésor, et regardait comment la foule y mettait de l'argent. Beaucoup de riches y mettaient de grosses sommes. Une pauvre veuve s'avança et mit deux petites pièces de monnaie. Jésus appela ses disciples et leur déclara : « Amen, je vous le dis : **cette pauvre veuve a mis dans le Trésor plus que tous les autres.** Car tous, ils ont pris sur leur superflu, mais elle, elle a pris sur son indigence : **elle a mis tout ce qu'elle possédait,** tout ce qu'elle avait pour vivre. »

## CE QUE JE DÉCOUVRE

**Jésus voit que les scribes « font semblant » pour plaire aux gens.** Ils ne cherchent pas Dieu, ils veulent les honneurs ! Nous aussi, cela nous arrive de « faire semblant ». On peut faire semblant de prier. On peut rendre service pour se faire remarquer par les autres. On peut aussi se croire supérieur aux autres parce qu'on porte des habits de marque. Mais Jésus nous demande de vivre en écoutant notre cœur. Un cœur qui aime Dieu et les autres. Comme la pauvre veuve. **Elle croit en Dieu et donne le meilleur d'elle-même.**

## CE QUE JE VIS

- ★ Comme les scribes, quand recherches-tu les honneurs… ou fais-tu semblant ?
- ★ Quelles sont les activités où tu donnes le meilleur de toi-même ?

⇨ Dans une assiette, fais résonner deux pièces. Imagine que Jésus entend et voit ce que tu donnes.

DIMANCHE 11 NOVEMBRE,
100 ANS DE L'ARMISTICE DE 1918 !

# Deviens artisan de paix !

**Ce dimanche 11 novembre 2018, nous célébrons les 100 ans de l'armistice qui a mis fin à la Première Guerre mondiale,** de 1914 à 1918. Le « Mouvement catholique international pour la paix » (Pax Christi) a été créé en 1945 par des Français et des Allemands qui voulaient la réconciliation entre leur pays après deux guerres meurtrières. Pour Pax Christi, la paix concerne tout le monde. Nous pouvons la construire au quotidien avec les personnes qui nous entourent, avec la nature... et avec Dieu ! Prier pour la paix, c'est la première chose que tu peux faire. Réfléchir, agir et témoigner, c'est possible aussi. Peut-être peux-tu motiver ton groupe de caté (ou la pastorale de ton école) pour monter un projet qui fera avancer la paix ? Sur le site de Pax Christi, il y a plein d'idées pour le projet « Une année pour la paix » : **paxchristi.cef.fr**

# C'est... ma semaine

**Du lundi 12 au samedi 17 novembre 2018**

## DES IDÉES POUR AGIR CHAQUE JOUR

### Lundi 12 novembre
*Saint Josaphat*

J'écris ici quelques mots pour résumer ma journée :

________________

________________

__________

### Mercredi 14 novembre
*Saint Grégoire*

Pour prier, je répète « Maranatha ». Ce mot signifie « Viens, Seigneur Jésus ».

### Mardi 13 novembre
*Saint Brice*

Je relis le psaume 145 (page 28) et je prie en regardant l'image.

*Illustrations : Robin. Photo : AdobeStock*

**Jeudi 15 novembre**
*Sainte Victoire*
J'embellis mon coin prière avec des dessins.

**Vendredi 16 novembre**
*Sainte Marguerite*
Et si je jouais avec un copain resté tout seul à la récré ?

**Samedi 17 novembre**
*Sainte Salomé*
En hébreu, Salomé signifie « paix ». Je prie pour que le monde soit en paix.

# Ma mission de la semaine

**Je fais découvrir à quelqu'un une passion, une activité ou un endroit que j'aime et qui me tient à cœur.**

## Prière autour de la table

**Seigneur Jésus, tu nous donnes la nourriture dont nous avons besoin. Prenons soin les uns des autres. Amen.**

# C'est... dimanche

## 18 novembre 2018
## 33e dimanche du temps ordinaire

**Jésus, le Fils de l'homme, reviendra à la fin des temps. Dieu seul sait quand le moment sera venu. Ce qui est sûr, c'est que Jésus apportera la justice et l'amour. Préparons-nous !**

*Suis la messe avec ton livret.*

### 1re LECTURE
### Le chef des anges apportera la justice de Dieu

*Livre du prophète Daniel chapitre 12, versets 1 à 3*

En ce temps-là se lèvera Michel, le chef des anges, celui qui se tient auprès des fils de ton peuple. Car ce sera un temps de détresse comme il n'y en a jamais eu depuis que les nations existent, jusqu'à ce temps-ci. Mais en ce temps-ci, ton peuple sera délivré, tous ceux qui se trouveront inscrits dans le Livre. Beaucoup de gens qui dormaient dans la poussière de la terre s'éveilleront,

les uns pour la vie éternelle, les autres pour la honte
et la déchéance éternelles. Ceux qui ont l'intelligence
resplendiront comme la splendeur du firmament,
et ceux qui sont des maîtres de justice pour la multitude
brilleront comme les étoiles pour toujours et à jamais.

Garde-moi, mon Dieu :
j'ai fait de toi mon refuge.

Psaume 15

## 2e LECTURE

# Jésus est à la droite de Dieu

*Lettre aux Hébreux 10, 11-14.18*

Dans l'ancienne Alliance, tout prêtre, chaque jour, se tenait debout dans le Lieu saint pour le service liturgique…

*Écoute maintenant la suite de la lecture.*
*Retrouve l'intégralité des lectures sur prionseneglise.fr*

## JEU D'APRÈS LA 1re LECTURE

# Mots mêlés

Retrouve les mots dans la grille.

DELIVRE
DETRESSE
ETERNELLE
ETOILES
FIRMAMENT
INSCRITS
INTELLIGENCE
JUSTICE
MICHEL
PEUPLE
RESPLENDIR
VIE

| | | | | | | | | | | | | | |
|---|---|---|---|---|---|---|---|---|---|---|---|---|---|
| A | F | I | U | R | I | D | N | E | L | P | S | E | R |
| E | I | L | D | E | N | S | E | L | I | O | T | E | C |
| L | R | N | U | D | P | I | E | L | P | U | E | P | N |
| L | M | G | I | E | C | I | T | S | U | J | E | D | U |
| E | A | E | N | T | U | L | P | D | L | I | O | T | E |
| N | M | A | I | R | S | V | U | E | E | D | T | M | V |
| R | E | C | N | E | G | I | L | L | E | T | N | I | A |
| E | N | I | F | S | G | E | C | I | D | C | S | C | M |
| T | T | R | T | S | T | F | R | V | J | A | I | H | E |
| E | S | U | V | E | J | R | P | R | C | M | E | E | S |
| S | T | I | R | C | S | N | I | E | A | L | O | L | R |

**Coup de pouce** : certaines lettres servent deux fois !

# Le Fils de l'homme

En ce temps-là, Jésus parlait à ses disciples de sa venue : « En ces jours-là, après une grande détresse, le soleil s'obscurcira et la lune ne donnera plus sa clarté ; les étoiles tomberont du ciel, et les puissances célestes seront ébranlées. **Alors on verra le Fils de l'homme venir dans les nuées** avec grande puissance et avec gloire. Il enverra les anges pour rassembler les élus des quatre coins du monde, depuis l'extrémité de la terre jusqu'à l'extrémité du ciel. Laissez-vous instruire par la comparaison du figuier : dès que ses branches deviennent tendres et que sortent les feuilles, vous savez que l'été est proche. De même, vous aussi, lorsque vous verrez arriver cela, **sachez que le Fils de l'homme est proche,** à votre porte. Amen, je vous le dis : cette génération ne passera pas avant que tout cela n'arrive. Le ciel et la terre passeront, mes paroles ne passeront pas.

viendra avec gloire

*Évangile selon saint Marc 13, 24-32*

Quant à ce jour et à cette heure-là, nul ne les connaît, pas même les anges dans le ciel, pas même le Fils, mais seulement le Père. »

## CE QUE JE DÉCOUVRE

Tu as déjà dû voir à la télévision des catastrophes naturelles : tout est détruit. On a l'impression que rien ne pourra être reconstruit… Mais les gens sont solidaires. La reconstruction commence. **L'espérance revient !** Quand tu es dans une situation difficile, quand tu penses que tout est impossible, **Jésus est avec toi. Il nous dit de garder confiance en lui.** Avec lui, c'est toujours la vie qui gagne à la fin.

## CE QUE JE VIS

- Quand tu vois des catastrophes, avec qui en parles-tu ?
- Et si tu demandais à un adulte de te raconter un événement qu'il a pu surmonter avec l'aide de Dieu ?

⇨ Page 7 de ton livret de messe, dis la prière qui commence par « Délivre-nous de tout mal ».

LE 20 NOVEMBRE, C'EST LA JOURNÉE INTERNATIONALE DES DROITS DE L'ENFANT

# Jésus soutient les plus petits

Marie Derain,
secrétaire générale du Conseil national de la protection de l'enfance

« **Depuis que je suis enfant, je parle à Jésus comme à un ami.** Dans mes prières, je lui raconte ma vie et je lui pose des questions importantes. Je lui demande son aide pour faire des choix justes. Je lui demande aussi son soutien pour être attentive aux plus petits, par exemple dans mon travail auprès des enfants. Je le remercie souvent d'être là, à mes côtés. Entendre et prier l'Évangile m'aide à mieux connaître Jésus. Quand j'ai eu 10 ans, ma mamie m'a offert un livre de photos de la Terre Sainte, en Israël. Je m'amusais à chercher les lieux sur une carte. Et à 30 ans, j'ai pu voir le pays de Jésus lors d'un pèlerinage avec ma paroisse. Alors Jésus est devenu encore plus proche de moi ! »

# C'est... ma semaine

**Du lundi 19 au samedi 24 novembre 2018**

## DES IDÉES POUR AGIR CHAQUE JOUR

**Lundi 19 novembre**
*Saint Tanguy*

Comment s'est passé mon week-end ?

**Mardi 20 novembre**
*Saint Edmond*

Je prie pour que les personnes tristes retrouvent le sourire.

**Mercredi 21 novembre**
*Présentation de la Vierge Marie*

Je récite le « Je vous salue Marie » avec mon signet.

Dimanche prochain, c'est le dernier jour de l'année liturgique.

**Réponse :** Cécile a vécu au 3e siècle, dans la ville de Rome. Elle a refusé de célébrer les dieux romains pour devenir chrétienne. Elle est la sainte patronne des musiciens.

**Jeudi 22 novembre**
*Sainte Cécile*

Cécile est la sainte patronne…

- ◯ des archéologues ?
- ◯ des musiciens ?
- ◯ des peintres ?

**Vendredi 23 novembre**
*Saint Clément*

Je lis « C'est la messe » (pages 120-121).

**Samedi 24 novembre**
*Sainte Flora*

Je prie en regardant l'icône du Christ sur mon livret de messe. Dans un mois, c'est Noël !

# Ma mission de la semaine

**Je découpe une photo joyeuse dans un magazine. Je la colle sur une feuille cartonnée pour en faire une carte postale. Je l'envoie à une personne à qui j'ai envie de faire plaisir.**

## Prière autour de la table

**Seigneur, tu nous aimes,
bénis notre table. Aide-nous à partager
ce que tu nous donnes. Amen.**

# C'est... dimanche

## 25 novembre 2018

## Christ Roi de l'univers

**Le prophète Daniel nous apprend qu'un Fils d'homme régnera pour toujours. Mais le royaume de Jésus n'est pas de ce monde. À ton avis, Jésus est-il le Fils d'homme dont parle Daniel ?**

*Suis la messe avec ton livret.*

### 1re LECTURE

### Daniel voit le règne du Fils de l'homme

*Livre du prophète Daniel chapitre 7, versets 13 à 14*

Moi, Daniel, je regardais, au cours des visions de la nuit, et je voyais venir, avec les nuées du ciel, comme un Fils d'homme ; il parvint jusqu'au Vieillard, et on le fit avancer devant lui. Et il lui fut donné domination, gloire et royauté ;

tous les peuples, toutes les nations et les gens de toutes langues le servirent. Sa domination est une domination éternelle, qui ne passera pas, et sa royauté, une royauté qui ne sera pas détruite.

Le Seigneur est roi ;
il s'est vêtu
de magnificence.

Psaume 92

## 2e LECTURE

# Nous sommes des prêtres de Dieu

*Apocalypse de saint Jean 1, 5-8*

À vous, la grâce et la paix, de la part de Jésus Christ, le témoin fidèle…

*Écoute maintenant la suite de la lecture.*
*Retrouve l'intégralité des lectures sur prionseneglise.fr*

## JEU D'APRÈS LA 1re LECTURE

# Points à relier

Termine le dessin, puis colorie-le.

## ÉVANGILE

# Jésus est-il le roi des Juifs ?

*Évangile selon saint Jean 18, 33-37*

En ce temps-là, Pilate appela Jésus et lui dit : **« Es-tu le roi des Juifs ? »** Jésus lui demanda : **« Dis-tu cela de toi-même,** Ou bien d'autres te l'ont dit à mon sujet ? » Pilate répondit : « Est-ce que je suis juif, moi ? Ta nation et les grands prêtres t'ont livré à moi : **qu'as-tu donc fait ? »** Jésus déclara : **« Ma royauté n'est pas de ce monde ;** si ma royauté était de ce monde, j'aurais des gardes qui se seraient battus pour que je ne sois pas livré aux Juifs. En fait, ma royauté n'est pas d'ici. » Pilate lui dit : **« Alors, tu es roi ? »** Jésus répondit : « C'est toi-même qui dis que je suis roi. Moi, je suis né, je suis venu dans le monde pour ceci : rendre témoignage à la vérité. **Quiconque appartient à la vérité écoute ma voix. »**

## CE QUE JE DÉCOUVRE

Jésus vient d'être arrêté, on l'accuse de mentir et de se prendre pour le roi des Juifs. **Pilate interroge Jésus pour savoir s'il est le roi des Juifs. Jésus lui répond par une autre question :** « Les autres m'accusent de mentir. Mais toi, Pilate, que penses-tu vraiment ? » Pilate écoute Jésus. Jésus parle en vérité. **S'il est roi, c'est un roi à la manière de Dieu, un roi serviteur.** Un roi qui aime, qui sert, qui guérit et qui pardonne. Quand on dit la vérité, on est disciple de Jésus.

## CE QUE JE VIS

- Est-ce qu'on t'a déjà accusé de quelque chose que tu n'as pas fait ? Comment t'es-tu senti ?
- Comment sais-tu quand quelqu'un dit la vérité ? Te trompes-tu parfois ?

⇨ Comme un supporter de foot, fais une pancarte pour soutenir Jésus. Puis accroche-la dans ta chambre.

25 NOVEMBRE, FÊTE DU CHRIST-ROI, FIN DE L'ANNÉE LITURGIQUE

# Pourquoi dit-on de Jésus qu'il est un roi ?

**Quand on pense à un roi, on imagine quelqu'un de riche, de puissant, avec un château et des serviteurs** qui font tout ce qu'il veut. Alors pourquoi dit-on que Jésus est roi ? Il n'a pas de château, pas de serviteur… Et pourtant, le dernier dimanche de l'année liturgique, une fête lui est consacrée : Jésus est le Roi de l'univers. Pour comprendre comment il exerce sa royauté, il faut comprendre ce qu'est un roi, selon la Bible : c'est celui qui prend soin des autres. Et qui mieux que Jésus a pris soin des hommes dans l'Évangile ? Jésus était proche des plus faibles, il a passé du temps avec les gens que personne n'aimait. Aujourd'hui, Jésus continue à prendre soin de tous ceux qui viennent à sa rencontre.

# C'est... ma semaine

**Du lundi 26 novembre au samedi 1er décembre 2018**

## DES IDÉES POUR AGIR CHAQUE JOUR

**Lundi**
**26 novembre**
*Saint Innocent*

Innocent a annoncé l'Évangile en Sibérie. Je prie pour ceux qui partent annoncer Jésus dans le monde entier.

**Mardi**
**27 novembre**
*Saint Virgile*

Je fabrique le photophore de Noël (pages 116-117).

**Mercredi**
**28 novembre**
*Sainte Catherine*

Qui est apparu à Catherine Labouré ?

- ◯ Un des rois mages
- ◯ La Vierge Marie
- ◯ L'ange Gabriel

Prépare tes bougies de l'Avent !

**Réponse :** Catherine Labouré est une religieuse des Filles de la charité, au 19e siècle. La Vierge Marie lui est apparue plusieurs fois dans la chapelle de la rue du Bac, à Paris. Depuis, c'est un lieu de pèlerinage.

Illustrations : Robin. Photo : AdobeStock

**Jeudi 29 novembre**
*Saint Saturnin*

Je prie pour mes cousines et mes cousins.

**Vendredi 30 novembre**
*Saint André*

En grec, André veut dire « courageux ». Est-ce que j'ai le courage de dire que je crois ?

**Samedi 1er décembre**
*Bienheureux Charles de Foucauld*

J'envoie une carte postale ou un beau dessin au Père Emmanuel (voir page 3).

# Ma mission de la semaine

Je fabrique une couronne de l'Avent pour dimanche prochain. Il me faut :

- un anneau de paille,
- du fil de laiton,
- des branches de thuya,
- quatre bougies.

Je peux ajouter du houx et des pommes de pin.

## Prière autour de la table

**Tout ce que vous faites : manger, boire, ou toute autre action, faites-le pour la gloire de Dieu.**

*Premier livre des Corinthiens 10, 31*

# C'est... dimanche

## 2 décembre 2018

## 1er dimanche de l'Avent

**Le temps de l'Avent commence, nous nous préparons à Noël. Dimanche après dimanche, nous allons découvrir le portrait du Sauveur promis par Dieu. Premier indice : il apportera la justice.**

*Suis la messe avec ton livret.*

### 1re LECTURE

### La parole de bonheur de Dieu

*Livre du prophète Jérémie chapitre 33, versets 14 à 16*

Voici venir des jours – oracle du Seigneur – où j'accomplirai
la parole de bonheur que j'ai adressée à la maison d'Israël
et à la maison de Juda : En ces jours-là, en ce temps-là,
je ferai germer pour David un Germe de justice,

et il exercera dans le pays le droit et la justice. En ces jours-là, Juda sera sauvé, Jérusalem habitera en sécurité, et voici comment on la nommera : « Le-Seigneur-est-notre-justice. »

**PSAUME**

*Vers toi, Seigneur,*
*j'élève mon âme,*
*vers toi, mon Dieu.*

Psaume 24

## Préparons nos cœurs pour Jésus

*Première lettre de saint Paul apôtre aux Thessaloniciens 3, 12 – 4, 2*

Frères, que le Seigneur vous donne, entre vous et à l'égard de tous les hommes, un amour de plus en plus intense et débordant...

*Écoute maintenant la suite de la lecture.*
*Retrouve l'intégralité des lectures sur prionseneglise.fr*

## JEU D'APRÈS LA 1re LECTURE

## Code « Jésus »

À l'aide du code « Jésus » (G = U), découvre la parole de bonheur de Dieu.

| | | | | | | | | | | | | |
|---|---|---|---|---|---|---|---|---|---|---|---|---|
| G | H | I | J | K | L | M | N | O | P | Q | R | S |
| U | V | W | X | Y | Z | A | B | C | D | E | F | G |
| T | U | V | W | X | Y | Z | A | B | C | D | E | F |
| H | I | J | K | L | M | N | O | P | Q | R | S | T |

V Q   R Q D M U   S Q D Y Q D   B A G D   P M H U P

_ _   _ _ _ _ _   _ _ _ _ _ _   _ _ _ _   _ _ _ _ _

G Z   S Q D Y Q   P Q   V G E F U O Q ,

_ _   _ _ _ _ _   _ _   _ _ _ _ _ _ _ ,

Q F   U X   Q J Q D O Q D M   P M Z E   X Q   B M K E

_ _   _ _   _ _ _ _ _ _ _ _   _ _ _ _   _ _   _ _ _ _

X Q   P D A U F   Q F   X M   V G E F U O Q .

_ _   _ _ _ _ _   _ _   _ _   _ _ _ _ _ _ _ .

**Solution :** « Je ferai germer pour David un Germe de justice, et il exercera dans le pays le droit et la justice. »

# Jésus invite les disciples à se préparer à sa

En ce temps-là, **Jésus parlait à ses disciples de sa venue :** « Il y aura des signes dans le soleil, la lune et les étoiles. Sur terre, les nations seront affolées et désemparées par le fracas de la mer et des flots. Les hommes mourront de peur dans l'attente de ce qui doit arriver au monde, car les puissances des cieux seront ébranlées. Alors, **on verra le Fils de l'homme venir dans une nuée,** avec puissance et grande gloire. Quand ces événements commenceront, redressez-vous et relevez la tête, car votre rédemption approche. **Tenez-vous sur vos gardes,** de crainte que votre cœur ne s'alourdisse dans les beuveries, l'ivresse et les soucis de la vie, et que ce jour-là ne tombe sur vous à l'improviste comme un filet ; il s'abattra, en effet, sur tous les habitants de la terre entière. **Restez éveillés et priez en tout temps :** ainsi vous aurez la force d'échapper à tout ce qui doit arriver, et de vous tenir debout devant le Fils de l'homme. »

venue

Évangile selon saint Luc 21, 25-28.34-36

## CE QUE JE DÉCOUVRE

Quand on dort, on ne sait pas ce qui se passe autour de soi. Quand on est éveillé, on ne voit pas toujours ce qui se passe autour de nous. **Nous devons être attentifs.** C'est ce que nous demande Jésus pour ne pas manquer sa venue que nous allons célébrer à Noël. Tu t'imagines rater cette fête ? Pendant le temps de l'Avent, **ouvre tes yeux, tes oreilles et ton cœur** pour te préparer à accueillir Jésus. Garde ton cœur léger et tiens-toi face à la lumière. La prière peut t'aider. **Plus tu pries Jésus, plus tu laisses entrer la lumière,** et plus tu rayonnes de joie. Jésus nous dit de prier beaucoup pour l'accueillir et faire éclater sa lumière.

## CE QUE JE VIS

- ★ À quel moment es-tu le plus attentif ?
- ★ À quel moment es-tu le moins éveillé ?

⇨ Maintenant ou avant de te coucher, remercie Jésus pour tout ce qui a été joyeux et beau aujourd'hui.

DIMANCHE 2 DÉCEMBRE :
PREMIER DIMANCHE DE L'AVENT,
DÉBUT DE L'ANNÉE LITURGIQUE

# L'Avent, qu'est-ce que c'est ?

**Nous venons d'entrer en Avent. Ça veut dire « venue » en latin.** C'est le temps où nous attendons la naissance de Jésus. Cette période dure jusqu'à Noël. Dans l'évangile, Jésus recommande à ses disciples de rester « éveillés » et de prier « en tout temps ». Pendant l'Avent, devenons des veilleurs.
Ouvrons à Jésus la porte de notre cœur en le priant. Ouvrons aussi notre cœur à tous ceux qui nous entourent, notre famille, nos copains. Lisons les lectures de la messe qui annoncent la naissance de Jésus. Prions devant la crèche. Allumons une bougie chaque dimanche de l'Avent… Noël s'approche !

# C'est... ma semaine

**Du lundi 3 au samedi 8 décembre 2018**

## DES IDÉES POUR AGIR CHAQUE JOUR

### Lundi 3 décembre

*Saint François-Xavier*

Je fais un signe de croix et je récite le « Notre Père ».

### Mardi 4 décembre

*Sainte Barbara*

Barbara est la patronne des pompiers. Je prie pour les pompiers qui, chaque jour, sauvent des vies.

### Mercredi 5 décembre

*Saint Gérald*

Je lis la 1re lecture de dimanche prochain (pages 66-67). Puis je fais le jeu (page 69).

As-tu allumé la 1re bougie de l'Avent ?

Illustrations : Robin. Photo : AdobeStock

**Réponse :** Ambroise a vécu au 4e siècle. Il est gouverneur de la ville de Milan, en Italie. Ensuite, le peuple le choisit pour devenir leur évêque. Il a aussi écrit des chansons.

**Jeudi**
**6 décembre**
*Saint Nicolas*

Pour la prière familiale, aujourd'hui je chante « Debout, resplendis » (pages 124-125).

**Vendredi**
**7 décembre**
*Saint Ambroise*

Saint Ambroise était évêque de...

- ◯ Miami ?
- ◯ Millau ?
- ◯ Milan ?

**Samedi**
**8 décembre**
*Immaculée Conception de la Vierge Marie*

Avec un adulte, j'allume une bougie et je récite le « Je vous salue Marie » avec mon signet.

# Ma mission de la semaine

**Tous les matins, à la maison avec un adulte, j'allume une bougie sur la table du petit déjeuner. Chacun pourra ainsi se rappeler qu'il doit rester éveillé toute la journée et se préparer à recevoir la lumière de Noël.**

## Prière autour de la table

**Jésus, nous t'attendons dans la joie.**
**Seigneur, bénis notre repas.**
**Comble-nous de ta joie. Amen.**

# C'est... dimanche

## 9 décembre 2018
## 2$^{e}$ dimanche de l'Avent

**Le prophète Baruc nous invite à garder notre cœur joyeux en attendant Noël. Avec Jean le Baptiste, préparons la route au Seigneur. Deuxième indice : il rassemble le peuple.**

*Suis la messe avec ton livret.*

### 1re LECTURE
### Dieu tient sa promesse envers son peuple
*Livre du prophète Baruc chapitre 5, versets 1 à 9*

Jérusalem, quitte ta robe de tristesse et de misère, et revêts la parure de la gloire de Dieu pour toujours, enveloppe-toi dans le manteau de la justice de Dieu, mets sur ta tête le diadème de la gloire de l'Éternel. Dieu va déployer ta splendeur partout sous le ciel, car Dieu, pour toujours, te donnera ces noms : « Paix-de-la-justice » et « Gloire-de-la-piété-envers-Dieu ».

# LA SAINTE Lucie

# LA PRIÈRE Je vous salue Marie

# LA PRIÈRE

## *Je vous salue Marie*

Je vous salue,
Marie pleine de grâce ;

Le Seigneur est avec vous.

Vous êtes bénie
entre toutes les femmes

Et Jésus, le fruit de vos entrailles,
est béni.

Sainte Marie, Mère de Dieu,

Priez pour nous pauvres pécheurs,

Maintenant et à l'heure
de notre mort.

Amen.

*Illustration : Photo Josse/Leemage*

# LA SAINTE

## *Lucie*

### Vierge et martyre
### (3e et 4e siècles)

Sainte Lucie naît à Syracuse, en Sicile. Son nom évoque la lumière, mais sa vie reste dans l'ombre. Enfant, Lucie souhaite se consacrer à Dieu. Mais, comme c'était la coutume de l'époque, elle est promise en mariage à un homme qui n'est pas chrétien. Refusant de l'épouser, Lucie est dénoncée comme chrétienne, puis arrêtée et décapitée.

**Fête :** le 13 décembre.

Comment la reconnaître : elle tient souvent dans la main une assiette avec deux yeux dessus.

Atout : on prie Lucie pour garder une bonne vue.

**« Vous êtes la lumière du monde. Et l'on n'allume pas une lampe pour la mettre sous le boisseau ; on la met sur le lampadaire, et elle brille pour tous ceux qui sont dans la maison. »** Matthieu 5, 14-15

*Texte : G. Pasquier. Illustration : Wikimedia Commons*

*Que la paix du Seigneur soit toujours avec vous.*

**Et avec votre esprit.**

*Frères, dans la charité du Christ,*
*donnez-vous la paix.*

Pour se donner la paix du Christ,
on peut s'embrasser, se serrer la main.

### *Le chant de la fraction du pain*

***Agneau de Dieu, qui enlèves le péché du monde,***
***prends pitié de nous.***
***Agneau de Dieu, qui enlèves le péché du monde,***
***prends pitié de nous.***
***Agneau de Dieu, qui enlèves le péché du monde,***
***donne-nous la paix.***

### *La communion*

*Heureux les invités au repas du Seigneur !*
*Voici l'Agneau de Dieu qui enlève le péché du monde.*
***Seigneur, je ne suis pas digne de te recevoir ;***
***mais dis seulement une parole et je serai guéri.***

Si tu as fait ta première communion, tu peux aller communier.
Sinon, tu t'avances vers le prêtre les bras croisés
sur ta poitrine pour recevoir la bénédiction de Dieu.

### *La prière après la communion*

## LE TEMPS DE L'ENVOI

On se lève.

*Le Seigneur soit avec vous.*

**Et avec votre esprit.**

*Que Dieu tout-puissant vous bénisse,*

On fait le signe de croix.

*le Père, le Fils et le Saint-Esprit.* **Amen.**
*Allez, dans la paix du Christ.*

**Nous rendons grâce à Dieu.**

On se prépare dans le silence.

## LE TEMPS DE L'ACCUEIL

On se lève.
On fait le signe de la croix.

*Au nom du Père, et du Fils, et du Saint-Esprit.*

***Amen.***

Il existe trois manières d'accueillir. En voici une :

*Le Seigneur soit avec vous.*

***Et avec votre esprit.***

### La préparation pénitentielle

Tu peux regarder la croix.

Il existe trois manières de demander pardon. En voici une :

***Je confesse à Dieu tout-puissant,***
***je reconnais devant mes frères***
***que j'ai péché en pensée, en parole,***
***par action et par omission ;***
***oui j'ai vraiment péché.***

On se frappe la poitrine.

***C'est pourquoi je supplie la Vierge Marie,***
***les anges et tous les saints, et vous aussi,***
***mes frères, de prier pour moi le Seigneur notre Dieu.***

*Que Dieu tout-puissant nous fasse miséricorde ;*
*qu'il nous pardonne nos péchés*
*et nous conduise à la vie éternelle.*

***Amen.***

Pendant le temps de l'Avent,
on ne dit pas le "Gloire à Dieu".

### Gloire à Dieu

***Gloire à Dieu, au plus haut des cieux,***
***Et paix sur la terre aux hommes qu'il aime.***
***Nous te louons, nous te bénissons, nous t'adorons.***
***Nous te glorifions, nous te rendons grâce,***



Ill. : L. Ricciarini/Leemage

***pour ton immense gloire,***
***Seigneur Dieu, Roi du ciel,***
***Dieu le Père tout-puissant.***
***Seigneur, Fils unique, Jésus Christ,***
***Seigneur Dieu, Agneau de Dieu, le Fils du Père ;***
***toi qui enlèves le péché du monde,***
***prends pitié de nous ;***
***toi qui enlèves le péché du monde,***
***reçois notre prière ;***
***toi qui es assis à la droite du Père,***
***prends pitié de nous.***
***Car toi seul es saint, toi seul es Seigneur,***
***toi seul es le Très-Haut : Jésus Christ,***
***avec le Saint-Esprit, dans la gloire***
***de Dieu le Père. Amen.***

## LE TEMPS DE LA PAROLE

On s'assoit.

### La 1re lecture – Le psaume – La 2e lecture

À la fin de chaque lecture, le lecteur dit :

*Parole du Seigneur.*

***Nous rendons grâce à Dieu.***

### L'Évangile

On se lève.
On chante "Alléluia".

*Le Seigneur soit avec vous.*

***Et avec votre esprit.***

*Évangile de Jésus Christ selon saint...*

***Gloire à toi, Seigneur.***

À la fin de l'Évangile, le prêtre dit :

*Acclamons la parole de Dieu.*

***Louange à toi, Seigneur Jésus.***

### L'homélie

On s'assoit.

### La profession de foi

On se lève.

***Je crois en Dieu, le Père tout-puissant,***
***créateur du ciel et de la terre.***
***Et en Jésus Christ, son Fils unique,***
***notre Seigneur, qui a été conçu***
***du Saint-Esprit, est né de la Vierge Marie,***
***a souffert sous Ponce Pilate,***
***a été crucifié, est mort et a été enseveli,***
***est descendu aux enfers,***
***le troisième jour, est ressuscité des morts,***
***est monté aux cieux, est assis à la droite***
***de Dieu le Père tout-puissant,***
***d'où il viendra juger les vivants et les morts.***
***Je crois en l'Esprit Saint,***
***à la sainte Église catholique,***
***à la communion des saints,***
***à la rémission des péchés,***
***à la résurrection de la chair,***
***à la vie éternelle. Amen.***

### *La prière universelle*

Un lecteur lit une prière pour l'Église et pour le monde.

On chante un refrain.

## LE TEMPS DE L'EUCHARISTIE

On s'assoit.

### *La préparation des dons*
### *La prière sur les offrandes*

On se lève et on regarde l'autel.

*Prions ensemble, au moment d'offrir*
*le sacrifice de toute l'Église.*

***Pour la gloire de Dieu et le Salut du monde.***

### *La préface*

*Le Seigneur soit avec vous.* ***Et avec votre esprit.***
*Élevons notre cœur.*

***Nous le tournons vers le Seigneur.***



*Rendons grâce au Seigneur notre Dieu.*

***Cela est juste et bon.***

La prière de la préface est adressée à Dieu le Père.
Elle commence toujours par :
*« Vraiment, il est juste et bon... »*

### *Le Sanctus*

***Saint ! Saint ! Saint, le Seigneur,***
***Dieu de l'univers !***
***Le ciel et la terre sont remplis de ta gloire.***
***Hosanna au plus haut des cieux.***
***Béni soit celui qui vient au nom du Seigneur.***
***Hosanna au plus haut des cieux.***

### *La prière eucharistique*

Il existe 13 prières eucharistiques. Voici la deuxième.
On se recueille, certains se mettent à genoux.

*Toi qui es vraiment saint, toi qui es la source*
*de toute sainteté, nous voici rassemblés devant*
*toi, et, dans la communion de toute l'Église,*
*en ce premier jour de la semaine, nous célébrons*
*le jour où le Christ est ressuscité d'entre les morts.*
*Par lui que tu as élevé à ta droite, Dieu notre Père,*
*nous te prions :*
*Sanctifie ces offrandes en répandant sur elles*
*ton Esprit ; qu'elles deviennent pour nous le corps*
*et le sang de Jésus, le Christ, notre Seigneur.*
*Au moment d'être livré et d'entrer librement*
*dans sa Passion, il prit le pain, il rendit grâce,*
*il le rompit et le donna à ses disciples, en disant :*

*« Prenez, et mangez-en tous :*
*ceci est mon corps livré pour vous. »*

On regarde l'hostie.
Puis on incline la tête.

*De même, à la fin du repas, il prit la coupe ;*
*de nouveau il rendit grâce,*
*et la donna à ses disciples, en disant :*

« Prenez, et buvez-en tous, car ceci est la coupe de mon sang, le sang de l'Alliance nouvelle et éternelle, qui sera versé pour vous et pour la multitude en rémission des péchés. Vous ferez cela, en mémoire de moi. »

*On regarde le calice. Puis on incline la tête.*

**Voici une des trois manières de faire mémoire de la mort et de la résurrection du Christ :**

*Quand nous mangeons ce pain et buvons à cette coupe, nous célébrons le mystère de la foi :*
***Nous rappelons ta mort, Seigneur ressuscité, et nous attendons que tu viennes.***

*Faisant ici mémoire de la mort et de la résurrection de ton Fils, nous t'offrons, Seigneur, le pain de la vie et la coupe du Salut, et nous te rendons grâce, car tu nous as choisis pour servir en ta présence. Humblement, nous te demandons qu'en ayant part au corps et au sang du Christ, nous soyons rassemblés par l'Esprit Saint en un seul corps.*

**Prière pour l'Église**

*Souviens-toi, Seigneur, de ton Église répandue à travers le monde : fais-la grandir dans ta charité avec le pape..., notre évêque..., et tous ceux qui ont la charge de ton peuple.*

**Prière pour les morts**

*Souviens-toi aussi de nos frères qui se sont endormis dans l'espérance de la résurrection, et de tous les hommes qui ont quitté cette vie : reçois-les dans ta lumière, auprès de toi.*

**Prière pour nous**

*Sur nous tous enfin, nous implorons ta bonté : permets qu'avec la Vierge Marie, la bienheureuse Mère de Dieu, avec saint Joseph, son époux, avec les Apôtres et les saints de tous les temps qui ont vécu dans ton amitié, nous ayons part à la vie éternelle, et que nous chantions ta louange, par Jésus Christ, ton Fils bien-aimé.*



*On regarde l'hostie et le calice.*

*Par lui, avec lui et en lui, à toi, Dieu le Père tout-puissant, dans l'unité du Saint-Esprit, tout honneur et toute gloire pour les siècles des siècles.*

***Amen.***

## Le Notre Père

*On ouvre les mains.*

*Unis dans le même Esprit, nous pouvons dire avec confiance la prière que nous avons reçue du Sauveur :*

***Notre Père, qui es aux cieux,***
***que ton nom soit sanctifié,***
***que ton règne vienne,***
***que ta volonté soit faite***
***sur la terre comme au ciel.***
***Donne-nous aujourd'hui notre pain de ce jour.***
***Pardonne-nous nos offenses,***
***comme nous pardonnons aussi***
***à ceux qui nous ont offensés.***
***Et ne nous laisse pas entrer en tentation,***
***mais délivre-nous du Mal.***

*Délivre-nous de tout mal, Seigneur, et donne la paix à notre temps ; par ta miséricorde, libère-nous du péché, rassure-nous devant les épreuves en cette vie où nous espérons le bonheur que tu promets et l'avènement de Jésus Christ, notre Sauveur.*

***Car c'est à toi qu'appartiennent le règne, la puissance et la gloire, pour les siècles des siècles !***

## La paix

*Seigneur Jésus Christ, tu as dit à tes Apôtres : « Je vous laisse la paix, je vous donne ma paix » ; ne regarde pas nos péchés mais la foi de ton Église ; pour que ta volonté s'accomplisse, donne-lui toujours cette paix, et conduis-la vers l'unité parfaite, toi qui règnes pour les siècles des siècles.*

***Amen.***

# À TOI DE FABRIQUER...

## TES DEUX SIGNETS & TON LIVRET

1.

**Détache** les deux feuillets au centre de ton "Prions en Église Junior".

## LES DEUX SIGNETS : LA SAINTE ET LA PRIÈRE

2.

**Prends** le premier feuillet. **Découpe** les deux signets. Pense à les garder comme marque-pages !

## LE LIVRET : L'ORDINAIRE DE LA MESSE

**Prends** le second feuillet. **Plie** la page 1 sur les pointillés et **rabats-la** vers la droite.

3.

4.

**Recommence** avec les pages suivantes, en pliant vers la gauche puis vers la droite, pour former un accordéon.

Voilà, tu as déjà terminé. **Te voilà prêt(e) à suivre la messe !**

5.

Debout, Jérusalem ! tiens-toi sur la hauteur, et regarde vers l'orient : vois tes enfants rassemblés du couchant au levant par la parole du Dieu Saint ; ils se réjouissent parce que Dieu se souvient. Tu les avais vus partir à pied, emmenés par les ennemis, et Dieu te les ramène, portés en triomphe, comme sur un trône royal. Car Dieu a décidé que les hautes montagnes et les collines éternelles seraient abaissées, et que les vallées seraient comblées : ainsi la terre sera aplanie, afin qu'Israël chemine en sécurité dans la gloire de Dieu. Sur l'ordre de Dieu, les forêts et les arbres odoriférants donneront à Israël leur ombrage ; car Dieu conduira Israël dans la joie, à la lumière de sa gloire, avec sa miséricorde et sa justice.

PSAUME

Quelles merveilles
le Seigneur fit
pour nous : nous étions
en grande fête !

Psaume 125

## 2e LECTURE

# Marchez vers le jour du Christ

*Lettre de saint Paul apôtre aux Philippiens 1, 4-6.8-11*

Frères, à tout moment, chaque fois que je prie pour vous tous, c'est avec joie que je le fais, à cause de votre communion avec moi…

*Écoute maintenant la suite de la lecture.*
*Retrouve l'intégralité des lectures sur prionseneglise.fr*

## JEU D'APRÈS LA 1re LECTURE

# Mots croisés

Relis le texte de la 1re lecture pour t'aider à trouver les mots.

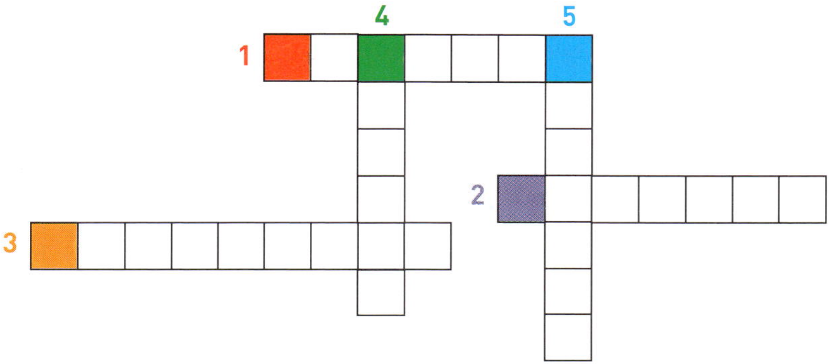


**Horizontal :** 1. On le porte sur la tête. 2. C'est le vêtement de la justice de Dieu. 3. Elle quitte sa robe de tristesse et de misère.

**Vertical :** 4. Ils donnent leur ombrage à Israël. 5. La parole du Dieu Saint les rassemble.

**Solution :** 1. diadème ; 2. manteau ; 3. Jérusalem ; 4. arbres ; 5. enfants.

**ÉVANGILE**

# Jean prépare le chemin du Seigneur

*Évangile selon saint Luc 3, 1-6*

L'an quinze du règne de l'empereur Tibère, Ponce Pilate étant gouverneur de la Judée, Hérode étant alors au pouvoir en Galilée, son frère Philippe dans le pays d'Iturée et de Traconitide, Lysanias en Abilène, les grands prêtres étant Hanne et Caïphe, **la parole de Dieu fut adressée dans le désert à Jean,** le fils de Zacharie. Il parcourut toute la région du Jourdain, en proclamant un baptême de conversion pour le pardon des péchés, comme il est écrit dans le livre des oracles d'Isaïe, le prophète :
*Voix de celui qui crie dans le désert :* **Préparez le chemin du Seigneur, rendez droits ses sentiers. Tout ravin sera comblé,** toute montagne et toute colline seront abaissées ; *les passages tortueux deviendront droits, les chemins rocailleux seront aplanis ; et tout être vivant verra le salut de Dieu.*

## CE QUE JE DÉCOUVRE

Ce passage est plein de détails. Il nous indique la date, les noms des hommes qui dirigent le pays où vit Jésus. Et il y a Jean, le fils de Zacharie et d'Élisabeth. **Il reçoit la parole de Dieu, il est en mission pour Dieu !**
À sa manière, il annonce que Dieu nous aime. Nous aussi, nous aimons Dieu quand nous lui ouvrons notre cœur, quand nous écoutons sa parole. **Dieu nous donne la joie** quand nous sommes tristes, **il nous donne l'espérance** quand nous sommes découragés.

## CE QUE JE VIS

- Par quelles personnes (que tu connais) remplacerais-tu les personnages de cet évangile ?
- Avec qui souhaites-tu préparer le chemin du Seigneur ?

⇨ Allume une bougie avec un adulte. Confie à Jésus les personnes qui sont au fond de ton cœur.

# Ce week-end, je prépare Noël en famille

Louis, 12 ans, Versigny (Oise)

« **Pour préparer la naissance de Jésus, j'ai participé à un week-end spécial en famille** : une retraite organisée à l'abbaye d'Andecy, de la communauté du Verbe de vie. Pour nous les enfants, il y a des ateliers, et pour nos parents, des conférences. L'an dernier, j'ai aidé à animer le groupe des plus jeunes, car mon petit frère Paul-Malo en faisait partie. Nous avons fabriqué des petites étoiles pour notre sapin. Le soir, chaque famille participait au conte de Noël. C'était une grande veillée avec des costumes pour raconter la naissance et la vie de Jésus. Moi, j'ai joué du djembé ! Ensuite, nous sommes restés à genoux pour prier ensemble devant la crèche. À la fin du week-end, chacun devait dire une action qu'il ferait après Noël pour aider les autres. »

# C'est... ma semaine

**Du lundi 10 au samedi 15 décembre 2018**

## DES IDÉES POUR AGIR CHAQUE JOUR

### Lundi 10 décembre
*Bienheureuse Eulalie*

Je lis « C'est la liturgie » (pages 118-119).

### Mardi 11 décembre
*Bienheureux Arthur*

Je demande à Jésus de prendre soin des personnes malades.

### Mercredi 12 décembre
*Saint Corentin*

Je prie pour tous les chrétiens dans le monde.

As-tu allumé la 2e bougie de l'Avent ?

*Illustrations : Robin. Photo : AdobeStock*

**Jeudi 13 décembre**
*Sainte Lucie*

Je prie sainte Lucie avec mon signet.

**Vendredi 14 décembre**
*Saint Jean de la Croix*

Je relis le psaume 125 (page 68) et je prie en regardant l'image.

**Samedi 15 décembre**
*Sainte Ninon*

Je dessine un arc-en-ciel si je me sens bien, ou un nuage si je me sens moins bien.

# Ma mission de la semaine

J'écris une lettre au Père Emmanuel (voir page 3) pour lui annoncer une bonne nouvelle dont j'ai été témoin.

## Prière autour de la table

**Seigneur, merci pour ce repas que nous partageons. Nous attendons la venue de Jésus, lumière du monde. Amen.**

# C'est... dimanche

## 16 décembre 2018
## 3e dimanche de l'Avent

**Dimanche de la joie ! Nous sommes joyeux car nous allons bientôt fêter la naissance de Jésus. Jean nous donne le troisième indice : Jésus apporte avec lui l'Esprit Saint.**

*Suis la messe avec ton livret.*

### 1re LECTURE
### Le peuple d'Israël saute de joie pour Dieu

*Livre du prophète Sophonie chapitre 3, versets 14 à 18*

Pousse des cris de joie, fille de Sion ! Éclate en ovations, Israël ! Réjouis-toi, de tout ton cœur bondis de joie, fille de Jérusalem ! Le Seigneur a levé les sentences qui pesaient sur toi, il a écarté tes ennemis. Le roi d'Israël, le Seigneur, est en toi. Tu n'as plus à craindre le malheur. Ce jour-là, on dira à Jérusalem :

« Ne crains pas, Sion ! Ne laisse pas tes mains défaillir !
Le Seigneur ton Dieu est en toi, c'est lui, le héros
qui apporte le salut. Il aura en toi sa joie et son allégresse,
il te renouvellera par son amour ; il exultera pour toi
et se réjouira, comme aux jours de fête. »

## CANTIQUE

Jubile, crie de joie,
car il est grand
au milieu de toi,
le Saint d'Israël.

Isaïe 12

## Le Seigneur est proche

*Lettre de saint Paul apôtre aux Philippiens 4, 4-7*

Frères, soyez toujours dans la joie du Seigneur ; je le redis : soyez dans la joie. Que votre bienveillance soit connue…

*Écoute maintenant la suite de la lecture.*
*Retrouve l'intégralité des lectures sur prionseneglise.fr*

JEU D'APRÈS LA 1re LECTURE

## Rébus

Résous le rébus et tu découvriras la prophétie de Sophonie.

Écris ici la phrase que tu as trouvée : ……………………………………………………
……………………………………………………………………………………………

**Solution** : « Pousse des cris de joie, fille de Sion ! » (pouce – dé – cri – 2 – J' – oie – fi – yeux – 2 – scie – on).

ÉVANGILE

# Jean baptise et annonce

En ce temps-là, les foules qui venaient se faire baptiser par Jean lui demandaient : **« Que devons-nous faire ? »** Jean leur répondait : « Celui qui a deux vêtements, qu'il partage avec celui qui n'en a pas ; et celui qui a de quoi manger, qu'il fasse de même ! » Des publicains (c'est-à-dire des collecteurs d'impôts) vinrent aussi pour être baptisés ; ils lui dirent : « Maître, que devons-nous faire ? » Il leur répondit : « N'exigez rien de plus que ce qui vous est fixé. » Des soldats lui demandèrent à leur tour : « Et nous, que devons-nous faire ? » Il leur répondit : « Ne faites violence à personne, n'accusez personne à tort ; et contentez-vous de votre solde. » Or le peuple était en attente, et tous se demandaient en eux-mêmes si Jean n'était pas le Christ. Jean s'adressa alors à tous : **« Moi, je vous baptise avec de l'eau ;** mais il vient, celui qui est plus fort que moi. Je ne suis pas digne de dénouer la courroie de ses sandales. **Lui vous baptisera dans l'Esprit Saint et le feu.** Il tient à la main la pelle à vanner pour nettoyer son aire à battre le blé, et il amassera le grain dans son grenier ; quant à la paille, il la brûlera au feu qui ne s'éteint pas. » Par beaucoup d'autres exhortations encore, il annonçait au peuple la Bonne Nouvelle.

# la venue de Jésus

*Évangile selon saint Luc 3, 10-18*

## CE QUE JE DÉCOUVRE

**Jean plonge dans l'eau du Jourdain les foules qui viennent le voir.** Il leur dit qu'il n'est pas le Christ, l'Envoyé de Dieu. Pour préparer la venue du Christ, Jean invite les gens à partager leurs vêtements et leur nourriture, à être justes et non-violents. Aujourd'hui, nous savons que Jésus est le Christ. **L'Esprit Saint nous envoie annoncer la Bonne Nouvelle : Dieu est proche.**

## CE QUE JE VIS

- Quels conseils donnerais-tu pour préparer la venue de Jésus ?
- Que fais-tu pour préparer sa venue ?

⇨ Regarde tes mains et tes pieds et prie l'Esprit Saint en disant : « Que mes mains et mes pieds soient au service de Jésus. »

# Ma petite sœur est née deux jours après Noël

Florian, 10 ans, Hardelot-Plage (Pas-de-Calais)

« **L'an dernier, ma petite sœur Manelle est née le 27 décembre, juste après Noël !** Nous étions en vacances à la mer avec mes grands-parents. Avant sa naissance, avec mon petit frère Théophile, on jouait à lui parler dans le ventre de maman, elle donnait des petits coups. On était très impatients ! Et puis elle est arrivée avec de l'avance, et c'est le plus beau cadeau qu'on n'ait jamais eu ! C'est un souvenir incroyable. Je me rappelle qu'elle était toute brune et minuscule. Je l'ai prise dans mes bras, je l'ai portée. Et quand je suis revenu à l'école, ma maîtresse m'a demandé d'annoncer cette bonne nouvelle devant toute la classe ! »

# C'est... ma semaine

**Du lundi 17 au samedi 22 décembre 2018**

## DES IDÉES POUR AGIR CHAQUE JOUR

**Lundi 17 décembre**
*Sainte Gaëlle*

Comment s'est passée ma journée ?

☺ 😐 ☹

**Mardi 18 décembre**
*Bienheureux Gatien*

Je prie devant la crèche.

**Mercredi 19 décembre**
*Saint Urbain*

Je réalise et envoie des cartes de Noël à mes amis.

As-tu allumé la 3e bougie de l'Avent ?

Illustrations : Robin. Photo : AdobeStock

**Samedi 22 décembre**
*Saint Adam*

Je lis l'évangile de Noël (pages 100-101). Je prépare mon cœur à la venue de Jésus.

**Jeudi 20 décembre**
*Saint Zéphyrin*

Je prie pour les personnes qui fêteront Noël toutes seules.

**Vendredi 21 décembre**
*Bienheureux Adrien*

Je remercie Jésus pour la joie de Noël.

# Ma mission de la semaine

**J'écris un mot ou je fais un dessin pour annoncer la venue de Jésus à tous ceux qui m'entourent. Je leur explique pourquoi c'est important pour moi.**

## Prière autour de la table

**Seigneur Jésus, c'est toi qui nous réunis autour de cette table. Bénis notre repas et viens visiter nos cœurs. Amen.**

# C'est... dimanche

## 23 décembre 2018
## 4e dimanche de l'Avent

**La parole de Dieu nous emmène en voyage. Le prophète Michée nous invite à Bethléem, où naîtra le Sauveur d'Israël. Marie marche longtemps pour visiter Élisabeth. Quatrième indice : tous les chemins mènent à Jésus.**

*Suis la messe avec ton livret.*

### 1re LECTURE
### Le Sauveur vient du village de Bethléem

*Livre du prophète Michée chapitre 5, versets 1 à 4*

Ainsi parle le Seigneur : Toi, Bethléem Éphrata, le plus petit des clans de Juda, c'est de toi que sortira pour moi celui qui doit gouverner Israël. Ses origines remontent aux temps anciens, aux jours d'autrefois. Mais Dieu livrera son peuple jusqu'au jour où enfantera... celle qui doit enfanter,

et ceux de ses frères qui resteront rejoindront les fils d'Israël. Il se dressera et il sera leur berger par la puissance du Seigneur, par la majesté du nom du Seigneur, son Dieu. Ils habiteront en sécurité, car désormais il sera grand jusqu'aux lointains de la terre, et lui-même, il sera la paix !

## PSAUME

Dieu, fais-nous revenir ;
que ton visage s'éclaire,
et nous serons sauvés !

Psaume 79

## Je suis venu pour faire ta volonté

*Lettre aux Hébreux 10, 5-10*

Frères, en entrant dans le monde, le Christ dit : *Tu n'as voulu ni sacrifice ni offrande, mais tu m'as formé un corps. Tu n'as pas…*

*Écoute maintenant la suite de la lecture.*
*Retrouve l'intégralité des lectures sur prionseneglise.fr*

### JEU D'APRÈS LA 1re LECTURE

## Charade

Relis le texte de la 1re lecture pour résoudre la charade.

**Mon premier** n'est pas intelligent.

**Mon deuxième** est fait par les vaches.

**Mon troisième** est la troisième lettre du mot « famille ».

**Mon quatrième,** il y en a deux dans le mot « souffle ».

**Mon cinquième** est un rongeur qui vit parfois dans les égouts.

**Mon sixième** est le féminin de « ton ».

**Mon tout est le plus petit des clans de Juda.**

Je suis : ...........................................................................................

**Solution :** Bethléem Éphrata. 1. bête (Beth) ; 2. lait (lé) ; 3. M (em) ; 4. F (Éph) ; 5. rat (ra) ; 6. ta (ta).

# Marie visite sa cousine Élisabeth

*Évangile selon saint Luc 1, 39-45*

En ces jours-là, Marie se mit en route et se rendit avec empressement vers la région montagneuse, dans une ville de Judée. Elle entra dans la maison de Zacharie et salua Élisabeth. Or, quand Élisabeth entendit la salutation de Marie, l'enfant tressaillit en elle. Alors, Élisabeth fut remplie d'Esprit Saint, et s'écria d'une voix forte : **« Tu es bénie entre toutes les femmes, et le fruit de tes entrailles est béni.** D'où m'est-il donné que la mère de mon Seigneur vienne jusqu'à moi ? Car, lorsque tes paroles de salutation sont parvenues à mes oreilles, l'enfant a tressailli d'allégresse en moi. Heureuse celle qui a cru à l'accomplissement des paroles qui lui furent dites de la part du Seigneur. »

## CE QUE JE DÉCOUVRE

À peine enceinte de Jésus, Marie part chez Zacharie et Élisabeth. Eux aussi attendent un enfant. C'est Jean Baptiste ; plus tard, il annoncera la mission de Jésus. **Marie entre dans la maison d'Élisabeth et la salue. Sa joie suffit pour qu'Élisabeth comprenne ce qui se passe !** L'enfant de Marie est un don de Dieu pour elle, mais aussi pour le monde. Les dons de Dieu donnent la joie. Ils n'ont pas besoin d'être expliqués, il suffit de les vivre. Quand nous avons en nous la joie de connaître Jésus, c'est facile de l'apporter aux autres.

## CE QUE JE VIS

- As-tu déjà annoncé une bonne nouvelle ? Comment cela s'est-il passé ?
- As-tu déjà accueilli chez toi quelqu'un qui est important pour toi ? Qui était-ce ?

⇨ Comme Élisabeth, salue Marie. Tu peux te servir de ton signet « Je vous salue Marie ».

J-2 AVANT NOËL !

# Nous faisons une crèche vivante

Apolline, 7 ans et demi, Croix (Nord)

« **Chaque année avec mes treize cousins, nous faisons une crèche vivante, après le repas de Noël** chez mes grands-parents. L'année dernière, c'est mon oncle Damien qui lisait le texte et qui avait réparti les rôles. Moi, j'étais un berger et je gardais les deux plus petits, qui faisaient les moutons. Ma cousine de 4 mois, elle, représentait Jésus. Mes cousins jouaient les autres personnages : les rois mages, Marie et Joseph, des habitants, l'âne et le bœuf… Papi, mamie et les adultes nous regardaient. On avait répété avant, tous ensemble, dans la salle de jeux. J'avais un peu peur, mais j'étais contente. Pour moi, la naissance de Jésus, c'est un moment de partage avec ma famille. On partage notre joie, notre amour et la paix. C'est un super souvenir ! »

# C'est... ma semaine

**Du lundi 24 au samedi 29 décembre 2018**

## DES IDÉES POUR AGIR CHAQUE JOUR

### Lundi 24 décembre
*Sainte Adèle*

Je prie pour les enfants qui vont naître aujourd'hui.

### Mercredi 26 décembre
*Saint Étienne*

Étienne est-il ...

- ○ le premier pape ?
- ○ le premier diacre ?
- ○ le premier curé ?

### Mardi 25 décembre
*Nativité du Seigneur*

Je chante « Le chant des bergers » (pages 129-130).

Mardi, c'est Noël. Bienvenue, Jésus !

**Réponse :** Étienne fait partie de la première communauté chrétienne de Jérusalem. Les Apôtres le choisissent pour être diacre. Il les assiste pour servir les pauvres de la communauté (Actes des Apôtres 6, 1-8).

Illustrations : Robin. Photo : AdobeStock

## Jeudi 27 décembre

*Sainte Jean*

Je relis le récit de la naissance de Jésus avec un adulte (pages 100-101).

## Vendredi 28 décembre

*Saints Innocents*

Je prie pour les personnes qui ont perdu un être cher.

## Samedi 29 décembre

*Saint David*

Mon année 2018 était...

- ○ assez bien.
- ○ très bien.
- ○ super bien !

# Ma mission de la semaine

**Sur un beau papier, j'écris : « Tu es béni, Dieu t'a donné... » Je complète la phrase par un don de Dieu : la paix, la joie, la générosité, l'amour... Puis je mets le papier dans une enveloppe décorée et je le dépose près du sapin, jusqu'à Noël. Je l'offrirai à la personne de mon choix.**

## Prière autour de la table

**Seigneur, tout est prêt autour de la table. Merci pour la joie de nous retrouver. Bénis notre repas et bénis nos discussions. Amen.**

# C'est... la nuit de Noël

Nuit du 24 au 25 décembre 2018

## Nativité du Seigneur
## (messe de la nuit)

**Ce soir, nous célébrons la naissance de Jésus. Nous allons chanter « Gloire à Dieu au plus haut des cieux, paix sur la terre aux hommes, qu'il aime ». Le Sauveur, c'est Jésus. Il te donne la paix.**

*Suis la messe avec ton livret.*

### 1re LECTURE
### La venue du Prince-de-la-Paix

*Livre du prophète Isaïe chapitre 9, versets 1 à 6*

Le peuple qui marchait dans les ténèbres a vu se lever une grande lumière ; et sur les habitants du pays de l'ombre, une lumière a resplendi. Tu as prodigué la joie, tu as fait grandir l'allégresse : ils se réjouissent devant toi, comme on se réjouit de la moisson, comme on exulte au partage du butin. Car le joug qui pesait sur lui,

la barre qui meurtrissait son épaule, le bâton du tyran, tu les as brisés comme au jour de Madiane. Et les bottes qui frappaient le sol, et les manteaux couverts de sang, les voilà tous brûlés : le feu les a dévorés. Oui, un enfant nous est né, un fils nous a été donné ! Sur son épaule est le signe du pouvoir ; son nom est proclamé : « Conseiller-merveilleux, Dieu-Fort, Père-à-jamais, Prince-de-la-Paix. » Et le pouvoir s'étendra, et la paix sera sans fin pour le trône de David et pour son règne qu'il établira, qu'il affermira sur le droit et la justice dès maintenant et pour toujours. Il fera cela, l'amour jaloux du Seigneur de l'univers !

PSAUME

Aujourd'hui,
un Sauveur nous est né :
c'est le Christ, le Seigneur.

Luc 2

## 2e LECTURE

# Par la grâce de Dieu

*Lettre de saint Paul apôtre à Tite 2, 11-14*

Bien-aimé, la grâce de Dieu s'est manifestée pour le salut de tous les hommes. Elle nous apprend à renoncer à l'impiété...

*Écoute maintenant la suite de la lecture.*
*Retrouve l'intégralité des lectures sur prionseneglise.fr*

## JEU D'APRÈS LA 1re LECTURE

# Labyrinthe

Le peuple marche dans les ténèbres. Aide-le à rejoindre la grande lumière.

**Coup de pouce** : il y a un seul chemin possible !

# La naissance de

En ces jours-là, parut un édit de l'empereur Auguste, ordonnant de recenser toute la terre – ce premier recensement eut lieu lorsque Quirinius était gouverneur de Syrie. Et tous allaient se faire recenser, chacun dans sa ville d'origine. Joseph, lui aussi, monta de Galilée, depuis la ville de Nazareth, vers la Judée, jusqu'à la ville de David appelée Bethléem. Il était en effet de la maison et de la lignée de David. Il venait se faire recenser avec Marie, qui lui avait été accordée en mariage et qui était enceinte. Or, pendant qu'ils étaient là, le temps où elle devait enfanter fut accompli. **Et elle mit au monde son fils premier-né ;** elle l'emmaillota et le coucha dans une mangeoire, car il n'y avait pas de place pour eux dans la salle commune.
Dans la même région, il y avait des bergers qui vivaient dehors et passaient la nuit dans les champs pour garder leurs troupeaux. L'ange du Seigneur se présenta devant eux, et la gloire du Seigneur les enveloppa de sa lumière. Ils furent saisis d'une grande crainte. Alors l'ange leur dit :
« Ne craignez pas, car voici que **je vous annonce une bonne nouvelle, qui sera une grande joie pour tout le peuple :**

# Jésus

*Évangile selon saint Luc 2, 1-14*

Aujourd'hui, dans la ville de David, vous est né un Sauveur qui est le Christ, le Seigneur. Et voici le signe qui vous est donné : vous trouverez un nouveau-né emmailloté et couché dans une mangeoire. »
Et soudain, il y eut avec l'ange une troupe céleste innombrable, qui louait Dieu en disant : **« Gloire à Dieu au plus haut des cieux, et paix sur la terre aux hommes, qu'il aime. »**

## CE QUE JE DÉCOUVRE

À Noël, on offre des cadeaux aux personnes qu'on aime. C'est aussi ce que Dieu fait. **Il aime le monde entier, et il lui fait un cadeau inattendu : Jésus.**
Nous croyons que Jésus est le Fils de Dieu. Il n'est pas né dans un beau château, mais dans une simple mangeoire. Et ainsi, **tout le monde peut venir le voir.**
Jésus n'est pas le cadeau que Dieu réserve pour quelques-uns. Chacun peut l'accueillir comme son cadeau à lui. **Jésus apporte la paix pour les hommes sur toute la terre.**

## CE QUE JE VIS

- Ce soir, avec qui fêtes-tu Noël ?
- As-tu déjà dormi une nuit à la belle étoile ? Comment t'es-tu senti ?

⇨ Fais un dessin de Jésus et découpe-le. Sur une carte du monde, pose-le là où tu souhaites qu'il apporte la paix.

# À quelle date Jésus est-il né ?

**Au 6e siècle, Denis le Petit, un moine historien, cherche à savoir quand exactement le temps des chrétiens a commencé.** Pour lui, le début de l'ère chrétienne, c'est l'année où Jésus est né. Aujourd'hui, on pense que le moine a fait une erreur, et que Jésus a dû voir le jour six ou sept ans avant l'an 0. Quant au 25 décembre, ce n'est sûrement pas le jour exact où Jésus est né. Cette date a été choisie par des chrétiens du 4e siècle. Depuis longtemps, le 25 décembre était une grande fête païenne en l'honneur du Soleil, en raison des jours qui commencent à rallonger à ce moment de l'année. Alors les chrétiens ont décidé de fêter la naissance de Jésus ce jour-là, pour montrer que c'est lui, la vraie lumière de la vie !

# C'est... dimanche

30 décembre 2018

## Sainte Famille

**Dès sa naissance, le prophète Samuel est au service de Dieu. Enfant, Jésus va chaque année à Jérusalem pour la fête de la Pâque juive. Avec eux, mets-toi aussi au service de Dieu !**

*Suis la messe avec ton livret.*

### 1re LECTURE

### La naissance du prophète Samuel

*Premier livre de Samuel chapitre 1, versets 20 à 22 et 24 à 28*

Elcana s'unit à Anne sa femme, et le Seigneur se souvint d'elle. Anne conçut et, le temps venu, elle enfanta un fils ; elle lui donna le nom de Samuel (c'est-à-dire : Dieu exauce) car, disait-elle, « Je l'ai demandé au Seigneur. » Elcana, son mari, monta au sanctuaire avec toute sa famille pour offrir au Seigneur

le sacrifice annuel et s'acquitter du vœu pour la naissance de l'enfant. Mais Anne n'y monta pas. Elle dit à son mari : « Quand l'enfant sera sevré, je l'emmènerai : il sera présenté au Seigneur, et il restera là pour toujours. » Lorsque Samuel fut sevré, Anne, sa mère, le conduisit à la maison du Seigneur, à Silo ; l'enfant était encore tout jeune. Anne avait pris avec elle un taureau de trois ans, un sac de farine et une outre de vin. On offrit le taureau en sacrifice, et on amena l'enfant au prêtre Éli. Anne lui dit alors : « Écoute-moi, mon seigneur, je t'en prie ! Aussi vrai que tu es vivant, je suis cette femme qui se tenait ici près de toi pour prier le Seigneur. C'est pour obtenir cet enfant que je priais, et le Seigneur me l'a donné en réponse à ma demande. À mon tour je le donne au Seigneur pour qu'il en dispose. Il demeurera à la disposition du Seigneur tous les jours de sa vie. »
Alors ils se prosternèrent devant le Seigneur.

Heureux
les habitants
de ta maison,
Seigneur !

Psaume 83

## Nous sommes des enfants de Dieu

*Première lettre de saint Jean 3, 1-2.21-24*

Bien-aimés, voyez quel grand amour nous a donné le Père
pour que nous soyons appelés enfants de Dieu – et nous le sommes…

*Écoute maintenant la suite de la lecture.*
*Retrouve l'intégralité des lectures sur prionseneglise.fr*

## JEU D'APRÈS LA 1re LECTURE

### Quiz

Relis la 1re lecture, puis réponds à ces questions.

**1. Comment s'appelle le mari d'Anne ?**

A. Lenaca.
B. Elcana.
C. Nacale.

**2. Que signifie le prénom Samuel ?**

A. « Dieu exauce. »
B. « Dieu sauve. »
C. « Dieu regarde. »

**3. Où Anne conduit-elle son fils Samuel ?**

A. Au jardin des plantes.
B. À l'hôpital des enfants.
C. À la maison de Dieu.

**4. Quels aliments Anne emporte-t-elle pour le sacrifice ?**

A. Des poules, du sel, du jus d'orange.
B. Un lapin, des poires, de l'eau gazeuse.
C. Un taureau, de la farine, du vin.

**5. À qui Anne confie-t-elle Samuel ?**

A. Au père Alu.
B. Au prêtre Éli.
C. Au pape Ola.

**Solution :** 1. B ; 2. A ; 3. C ; 4. C ; 5. B.

ÉVANGILE

# Enfant, Jésus va en

Chaque année, les parents de Jésus se rendaient à Jérusalem pour la fête de la Pâque. **Quand il eut douze ans, ils montèrent en pèlerinage suivant la coutume.** À la fin de la fête, comme ils s'en retournaient, le jeune Jésus resta à Jérusalem à l'insu de ses parents. Pensant qu'il était dans le convoi des pèlerins, ils firent une journée de chemin avant de le chercher parmi leurs parents et connaissances. Ne le trouvant pas, ils retournèrent à Jérusalem, en continuant à le chercher. **C'est au bout de trois jours qu'ils le trouvèrent dans le Temple, assis au milieu des docteurs de la Loi :** il les écoutait et leur posait des questions, et tous ceux qui l'entendaient s'extasiaient sur son intelligence et sur ses réponses. En le voyant, ses parents furent frappés d'étonnement, et sa mère lui dit : « Mon enfant, pourquoi nous as-tu fait cela ? Vois comme ton père et moi, nous avons souffert en te cherchant ! » Il leur dit : **« Comment se fait-il que vous m'ayez cherché ? Ne saviez-vous pas qu'il me faut être chez mon Père ? »** Mais ils ne comprirent pas ce qu'il leur disait. Il descendit avec eux pour se rendre à Nazareth, et il leur était soumis. Sa mère gardait dans son cœur tous ces événements. **Quant à Jésus, il grandissait en sagesse, en taille et en grâce, devant Dieu et devant les hommes.**

# pèlerinage à Jérusalem

*Évangile selon saint Luc 2, 41-52*

## CE QUE JE DÉCOUVRE

Au temps de Jésus, la Pâque juive est la plus grande fête de l'année. Les familles montent au Temple de Jérusalem, qui est le lieu consacré à Dieu. À 12 ans, Jésus reste dans le Temple pour parler avec les docteurs de la Loi. Ses parents le cherchent partout. Pour justifier sa disparition, Jésus explique que le Temple est la maison de son Père. Joseph et Marie sont étonnés. **Ils ne comprennent pas encore que Jésus est le Fils de Dieu !** Alors devant leur inquiétude, **Jésus redevient un enfant sage et attentif.**

## CE QUE JE VIS

- Tes parents sont-ils déjà partis à ta recherche ? Où étais-tu ?
- Quand tu as des questions sur la foi, à qui les poses-tu ?

⇨ Entre dans ton cœur comme dans une église. Et doucement, en fermant les yeux, parle à Jésus comme à un ami.

DIMANCHE 30 DÉCEMBRE,
FÊTE DE LA SAINTE-FAMILLE

# Nous avons fondé une famille

Ségolène et Pierre
(Seine-Maritime)

« **Lorsque nous avons décidé de nous marier, nous n'avions pas envie d'attendre l'été suivant.** Il fallait aussi prendre en compte les saisons. Pour mon futur mari, qui est agriculteur, le moment le plus pratique, c'était à la fin de l'année. Nous nous sommes donc mariés le 19 décembre. Dans l'église, il y avait la crèche, bien sûr. Et dans la salle, un grand sapin décoré. Nous sommes partis en voyage de noces aussitôt après la fête, avec l'envie d'une belle messe de Noël, d'un moment qui fonderait notre famille. Surprise pour moi, ça commençait par Rome ! Je garde un souvenir extraordinaire de la veillée sur la place Saint-Pierre, puis de la bénédiction "Urbi et orbi" prononcée par le pape François, le lendemain. Nous avons ensuite continué notre voyage… sur une plage aux Maldives ! »

# C'est... ma semaine

**Du lundi 31 décembre 2018 au samedi 5 janvier 2019**

## DES IDÉES POUR AGIR CHAQUE JOUR

### Lundi 31 décembre
*Saint Sylvestre*

Je réalise et offre des cartes de vœux pour 2019.

### Mardi 1er janvier
*Sainte Marie, mère de Dieu*

Je récite le « Je vous salue Marie » avec mon signet.

### Mercredi 2 janvier
*Saint Basile*

Basile était évêque de Césarée au 4e siècle. Je prie pour mon évêque.

Bonne année 2019 !

**Réponse :** en 451, l'armée des Huns menace la ville de Paris. Sainte Geneviève persuade les habitants que les barbares n'attaqueront pas la ville. Elle devient ainsi la sainte patronne des gendarmes... et des Parisiens !

*Illustrations : Robin. Photo : AdobeStock*

## Jeudi 3 janvier
*Sainte Geneviève*

Geneviève est la sainte patronne...

- ◯ des garagistes ?
- ◯ des gendarmes ?
- ◯ des géologues ?

## Vendredi 4 janvier
*Sainte Angèle*

Je demande aux anges de protéger tous les enfants.

## Samedi 5 janvier
*Saint Édouard*

Que vais-je faire ce week-end ? J'écris ici mes activités :

_ _ _ _ _ _ _ _ _ _ _ _ _ _ _ _

_ _ _ _ _ _ _ _ _ _ _ _ _ _ _ _

_ _ _ _ _ _ _ _ _ _ _ _ _ _

# Ma mission de la semaine

Je fais visiter à un ami le lieu où je me sens le mieux pour parler à Dieu et pour prier. Puis je lui demande quel est son endroit préféré pour prier.

## Prière autour de la table

**Seigneur, merci de nous avoir donné Jésus.**
**Bénis nos repas de fête. S'il te plaît,**
**fais que nous ne manquions de rien. Amen.**

## Un calendrier pour les prières du soir pendant l'Avent

Marie, Joseph, Lucie, Samuel, le chercheur de trésor, l'aubergiste de Bethléem, les mages, les bergers… Chaque jour pendant l'Avent, ouvre une fenêtre et découvre le personnage qui est caché derrière. Dans le livret qui accompagne le calendrier, tous les personnages te racontent une grande histoire. Ensemble, ils t'invitent à la prière et à préparer ton cœur pour Jésus.

*Bayard Jeunesse, 13,90 €.*

## Une crèche dans la ville

Cette année, la crèche de *Filotéo* se situe dans une ville d'aujourd'hui. Au fil de l'Avent, tu éclaireras l'intérieur coloré de six maisons à l'aide d'une diode lumineuse.

Avec les santons, tu chemineras dans la ville vers la dernière maison : c'est l'étable où Jésus est né ! Une façon de se rappeler que Jésus est venu, qu'il vient aujourd'hui et qu'il reviendra.

Filotéo *numéro 257, déc. 2018-janv. 2019, 9,50 €.*

# MON ATELIER DE LA FOI

# C'est... pour prier

## LE PHOTOPHORE DE NOËL (2/6)

**Prier, cela se prépare ! Voici un atelier qui t'aidera à animer ton espace de prière. Cette deuxième étape te permettra de fabriquer un photophore pour prier en attendant Noël.**

**Réunis le matériel :**

- 1 petite assiette plate
- 4 bougies chauffe-plat
- du papier calque
- du papier à dessin noir
- 1 règle pour mesurer
- 1 crayon à papier
- des ciseaux pointus
- de la colle

1.

2.

3.

**1.** Découpe une bande de calque de 12 cm de haut. Sa longueur doit égaler la circonférence de l'assiette (+ 1 cm pour la patte de collage).

**2.** Découpe une bande de papier noir de 10 cm de haut. Dessine ensuite les contours du paysage comme sur le croquis ci-contre.

**3.** Découpe ton dessin et colle-le sur le calque. Dans ce même calque, évide une étoile à côté de la crèche. Installe la frise terminée autour de l'assiette. Colle la patte.

**4.** Chaque dimanche de l'Avent, avec un adulte, **allume une bougie et dis ces mots de l'Évangile :** *« Jésus était la vraie Lumière, qui éclaire tout homme en venant dans le monde. »* (Jean 1, 9)
**Prie enfin le « Notre Père »** qui se trouve dans ton livret de messe.

**Rendez-vous dans deux mois pour la suite de l'atelier !**

*Conception : Catherine Marivé et Karem Bustica. Illustrations : Catherine Marivé*

## LES CLOCHES

**Chaque église a plusieurs cloches.** Elles sont accrochées dans le clocher. Fabriquée en fonte, chaque cloche produit une note de musique précise et un son unique.

**La mission des cloches est de rappeler aux fidèles le moment de la prière.** Elles jouent un rôle important dans la vie du village ou du quartier, car leur façon de sonner envoie des messages à tous. Par exemple, le soir de Noël ou le matin de Pâques, **elles carillonnent à toute volée pour exprimer la joie des chrétiens.**

## Écoute les cloches du dimanche !

Comme un appel, elles sonnent **le début de la messe.** Puis elles sonnent **la consécration,** pour annoncer à tous que le pain et le vin sont devenus le corps et le sang du Christ. Enfin, elles sonnent **la sortie de la messe.**

**Quand tu es heureux, tourne-toi vers Jésus.** Laisse ton cœur carillonner de joie comme les cloches le soir de Noël.

# C'est... la messe

## LA PRIÈRE PÉNITENTIELLE

**« Que Dieu tout-puissant nous fasse miséricorde ;
qu'il nous pardonne nos péchés
et nous conduise à la vie éternelle. »**

Au début de la messe, **nous demandons pardon à Dieu.** C'est comme avant une fête quand deux amis sont fâchés : ils ont besoin de se réconcilier pour que la joie éclate.

**Avec Dieu, c'est différent.** Il est toujours prêt à nous pardonner. Mais il peut le faire seulement si nous le lui demandons !
C'est ce pardon que nous vivons pendant la « prière pénitentielle ».

*Texte : Père Laurent Tournier. Illustration : Olivier Balez*

Au cours de cette prière pénitentielle, nous regardons comment nous avons blessé Dieu et les autres dans notre vie de tous les jours.
**Et nous demandons pardon par un chant ou par une prière.**

Alors le prêtre transmet la réponse de Dieu...
Qu'il nous fasse miséricorde,
qu'il nous montre à nouveau son amour,
qu'il nous pardonne nos péchés,
qu'il nous pardonne nos actes mauvais et le mal
que nous avons commis exprès,
qu'il nous conduise à la vie éternelle,
qu'il nous prenne avec lui,
**qu'il nous donne de partager sa vie**
**et d'être pour toujours avec lui.**

Je confesse à Dieu tout-puissant,
je reconnais devant mes frères
que j'ai péché en pensée, en parole,
par action et par omission ;
**oui, j'ai vraiment péché.**

# C'est... dans l'art

## Les saints au ciel

*Fra Angelico, vers 1423, National Gallery, Londres*

*Le peintre nous donne ici une idée du paradis.
Il a dessiné le bonheur des saintes et des saints
que Dieu a déjà accueillis là-bas.*

⇨ **Il y a du monde dans la maison du Seigneur !**
Et toi, pourrais-tu imaginer être heureux au ciel avec autant de personnes ? Préférerais-tu y rester avec ta famille... ou même tout seul ?

⇨ **Y a-t-il quelqu'un que tu aimerais spécialement retrouver** quand tu arriveras un jour au paradis ?

⇨ **Le peintre a entouré d'or les têtes des saints,** car ils partagent au ciel la splendeur de Dieu. Mais sur la terre, pas de rond doré ! Alors s'il y a des amis du Seigneur autour de toi, comment fais-tu pour les reconnaître ?

⇨ **Vois-tu Jean Baptiste vêtu d'une peau de bête ?** David avec sa harpe ? Sainte Agnès avec un agneau ? Mais que penses-tu de ces espèces de feuilles que beaucoup de saintes et de saints tiennent à la main ?

DAVId
S.THOM

# C'est... pour chanter

| Retrouve tous les chants sur *www.chantonseneglise.fr* ChantonsenÉglise

## Debout, resplendis

*KX230/K230 © Éd. de l'Emmanuel. Texte et musique : J.-M. Morin*

**Refrain :**

**Jérusalem, Jérusalem,**
**Quitte ta robe de tristesse !**
**Jérusalem, Jérusalem,**
**Chante et danse pour ton Dieu !**

1 Debout, resplendis, car voici ta lumière,
Et sur toi la gloire du Seigneur. ***(bis)***
Lève les yeux et regarde au loin,
Que ton cœur tressaille d'allégresse.
Voici tes fils qui reviennent vers toi,
Et tes filles portées sur la hanche.

2 Toutes les nations marcheront vers ta lumière,
Et les rois à ta clarté naissante. ***(bis)***
De nombreux troupeaux de chameaux te couvriront,
Les trésors des mers afflueront vers toi.
Ils viendront d'Épha, de Saba, de Qédar,
Faisant monter vers Dieu la louange.

3 Les fils d'étrangers rebâtiront tes remparts,
Et leurs rois passeront par tes portes. ***(bis)***
Je ferai de toi un sujet de joie,
On t'appellera « ville du Seigneur » ;
Les jours de ton deuil seront tous accomplis,
Parmi les nations tu me glorifieras.

# Le chant des bergers

EDIT798/F20-51 © Studio SM. Texte : D. Bourgeois. Musique : J. Berthier

**Refrain :**

**Jésus vient pour nous sauver,**
**Il nous donne son amour.**
**Jésus vient parmi les hommes,**
**Chantons Noël ! Chantons Noël !**
**Jésus vient parmi les hommes,**
**Chantons Noël ! Alléluia !**

1. Allons tous à Bethléem
pour adorer le Seigneur !
Que notre cœur se réveille
pour chanter le Fils de Dieu.

2. Guidés par le chant des anges,
gloire au Seigneur dans les cieux,
accueillons la paix de Dieu :
il la donne à tous les hommes.

3. C'est Marie qui nous accueille
et nous montre son enfant.
Jésus l'a choisie pour mère,
mère de tous les vivants.

4. Joseph est émerveillé
de ce qui vient d'arriver :
tout heureux que cet enfant
lui soit maintenant confié.

5. Ouvrons tout grand nos oreilles
avec l'âne qui sourit !
Que nos yeux soient grands ouverts
avec le bœuf attendri !

6. Jésus couché dans la crèche
est venu pour nous sauver.
Nous accueillons sa tendresse,
notre cœur est plein de joie !

7. Mais ne restons pas ici !
Allons dire à nos amis
cette joyeuse nouvelle
qui fait danser notre cœur.

# Maranatha, viens, Seigneur Jésus !

*E511/EX511 © Éd. de l'Emmanuel. Texte et musique : G. du Boullay*

**Refrain :**

**Maranatha, viens, Seigneur Jésus !**
**Maranatha, viens nous t'attendons.**
**Ne tarde plus, l'heure est avancée,**
**Viens, Seigneur, viens !**

1 Il régnera sur son peuple à jamais,
Protégera les enfants des pauvres.
Ses jugements produiront la justice,
Viens, Seigneur Jésus !

•••

2 En ces jours-là fleuriront la justice,
Et puis la paix jusqu'à la fin des temps,
D'une mer à l'autre il dominera,
Viens, Seigneur Jésus !

3 Devant lui se prosterneront les rois,
Devant lui se courbera la bête,
Ses ennemis lécheront la poussière,
Viens, Seigneur Jésus !

4 Il sauvera le pauvre et le petit,
Aura pitié de celui qui l'invoque,
Leur vie sera précieuse à ses yeux,
Viens, Seigneur Jésus !

5 Son nom sera glorifié pour toujours,
En lui seront bénis races et peuples,
Que terre et ciel soient remplis de sa gloire,
Viens, Seigneur Jésus !